어린이를 위한
헷갈리는
우리말
100

헷갈리고 틀리기 쉬운 우리말,
어떻게 더 재미있게 공부할 수 있을까요?

어린이를 위한
헷갈리는
우리말
100

어린이 미래 교양 시리즈 4 | 배상복 글·김현철 그림 | 이케이북

• • • 들어가는 말

인터넷 시대에 더욱 빛나는 한글과 우리말
어릴 때부터 바르게 사용하는 습관이 중요합니다

• • • 인터넷 시대에 정확성과 속도에서 탁월한 한글

인터넷 시대, 정보화 시대에 한글의 우수성은 더욱 빛나고 있습니다. 인터넷 시대 언어 소통의 우열은 속도와 정확성에서 판가름 납니다. 이 두 측면에서 한글을 따라올 문자가 없습니다. 문자메시지를 보내거나 인터넷에 글을 올릴 때 영어보다 우리말이 훨씬 빠르고 정확하다는 것은 이미 알려진 사실이에요. 세계 언어학자들도 한글을 최고의 문자라고 극찬하고 있습니다. 세종대왕이 570여 년 전에 이미 인터넷 시대를 예견한 것은 아닌지 모르겠습니다.

• • • 우리말 파괴 심각, 어릴 때부터 바른말 사용이 중요해요

하지만 우리 스스로는 한글의 우수성을 잘 모르고 있습니다. 우리말을 소중히 여기고 지키는 것에 별로 관심을 두지 않고 있습니다. 대충 써도 의미만 통하면 된다는 생각을 하는 사람이 적지 않지요. 특히 요즘 문자메시지를 주고받거나 인터넷에 댓글을 달면서 속도와 효율을 중시하다 보니 우리말을 파괴하는 데 너도나도 앞장서고 있습니다. '알았어'를 '알써'라고 하거나 '먹었어'를 '머거써'라고 하는 등 발음을 따라 대충 쓰는 경향이 있습니다. '생선'(생일선물), '생파'(생일파티) 등처럼 지나친 줄임말을 쓰는 경우도 많고요. 그러다 보니 아직 언어를 배우는 과정에 있는 초등학생 등 저학년 학생들은 무엇이 맞는 말인지 제대로 모르고 사용하는 것이 많습니다. 문자메시지나 인터넷에서 주고받는 잘못된 말들이 옳은 것으로 알고 있는 경우가 허다하지요. 무엇보다 자라나는 세대인 어린이들이 우리말을 정확하게 알고 사용하는 습성을 들이는 것이 중요합니다.

••• 쉽고 재미있는 우리말 공부

《어린이를 위한 헷갈리는 우리말 100》은 이처럼 많이 쓰면서도 틀리기 쉬운 말 가운데 어린이들이 꼭 알아야 하는 100개를 엄선했습니다. 일상생활에서 많이 쓰이는 예문을 가지고 그림과 함께 문제 형식으로 제시한 뒤 어느 것이 맞는지 맞혀보게 한 다음 이해하기 쉽게 풀이해놓았지요. '재미있고 멋지게 사용하기' 난에서는 실생활에서 쓰이는 더욱 많은 예문과 우리 속담을 옮겨놓고 자세하게 설명함으로써 어린이들이 그 낱말을 정확하게 이해하고 유창하게 활용할 수 있도록 했습니다.

또한 재미있는 그림과 상황 설정으로 어린이들이 쉽게 우리말 실력을 키울 수 있게끔 구성했습니다. 우리말 공부가 아무리 중요하다 해도 요즘 세대는 재미가 없으면 잘 따르려고 하지 않습니다. 그런 점을 고려해 우선적으로 재미있게 배울 수 있도록 하는 데 신경을 썼습니다. 만화를 보듯 흥미를 가지고 책을 읽다보면 꼭 필요한 우리말이 저절로 쏙쏙 들어올 거예요.

이제 막 언어생활에 눈을 뜨고 글쓰기를 시작하는 어린이들에게 바른말 사용을 비롯한 국어 능력은 너무나 중요합니다. 국어 실력은 장차 모든 학문과 사고력 확장의 기본이 되니까요. 이 책은 초등학생이나 중학생은 물론 수능이나 논술을 준비하는 고등학생들에게도 재미있게 우리말을 익힐 수 있는 좋은 책이 되리라 생각합니다.

2019년 8월
배상복

차례

들어가는 말 4

1부
비슷한 말 구분해 쓰기

-데 / -대 10   -던지 / -든지 12   -로서 / -로써 14   -률 / -율 16   -에 / -에게 18
가르치다 / 가리키다 20   결재 / 결제 22   금새 / 금세 24   껍데기 / 껍질 26
꽃봉오리 / 산봉우리 28   낫다 / 낳다 30   너머 / 넘어 32   놀라다 / 놀래다 34
늘이다 / 늘리다 36   다르다 / 틀리다 38   당기다 / 댕기다 40   덕분 / 때문 / 탓 42
둘러싸인 / 둘러쌓인 44   떡볶기 / 떡볶이 46   띠다 / 띄다 48   맞추다 / 맞히다 50
바라다 / 바래다 52   번번이 / 번번히 54   부치다 / 붙이다 56   빌다 / 빌리다 58
안 / 않 60   왠 / 웬 62   조정 / 조종 64   한참 / 한창 66

못다 한 이야기 지나친 줄임말을 삼가세요 68

2부
헷갈리는 띄어쓰기 정복하기

간(間) 72   걸 74   그중 76   ㄴ즉 78   대로 80   데 82   동안 84   만 86   만큼 88
망정 90   못하다 92   바 94   밖 96   뿐 98   안되다 10   이것, 저것 102   지 104
지난 106   커녕 108   한번 110

못다 한 이야기 띄어 써야 할 것 같지만 꼭 붙여 써야 하는 단어들 112

3부
틀리기 쉬운 말 바로 쓰기

간지렸다 / 간질였다 116   갈께요 / 갈게요 118   과반수 이상 / 과반수 120
건데기 / 건더기 122   길다란 / 기다란 124   까발기다 / 까발리다 126
꺼예요 / 거예요 128   꾀임 / 꼬임 130   날으는 새 / 나는 새 132
달디달다 / 다디달다 134   담궜다 / 담갔다 136   덤테기 / 덤터기 138
데였다 / 데었다 140   뒤치닥거리 / 뒤치다꺼리 142   들어나다 / 드러나다 144
들여마시다 / 들이마시다 146   말빨 / 말발 148   맨얼굴 / 민얼굴 150
몇일 / 며칠 152   모자른다 / 모자란다 154   발자욱 / 발자국 156
본대없는 / 본데없는 158   본따다 / 본뜨다 160   뵈요 / 봬요 162
부화가 나다 / 부아가 나다 164   (눈을) 불알이다 / 부라리다 166
사겨 / 사귀어 168   삼가하다 / 삼가다 170   설레이는 / 설레는 172
아다시피 / 알다시피 174   아지랭이 / 아지랑이 176   알맞는 / 알맞은 178
앳띤 / 앳된 180   (나) 어떻해 / 어떡해 182   얼만큼 / 얼마큼 184
옴쭉달싹 / 옴짝달싹 186   우뢰 / 우레 188   으례 / 으레 190
(꿈) 이예요 / 이에요 192   이제서야 / 이제야 194   일찌기 / 일찍이 196
있슴 / 있음 198   자잘못 / 잘잘못 200   졸립다 / 졸리다 202
추켜세우다 / 치켜세우다 204   치뤘다 / 치렀다 206
핼쓱하다 / 핼쑥하다 208   희안하다 / 희한하다 210

못다 한 이야기   SNS에서 잘못 사용되는 우리말 212

1부

비슷한 말 구분해 쓰기

우리말에는 비슷한 단어가 많습니다. '가르치다'와 '가리키다', '한참'과 '한창'처럼 모양이나 뜻이 비슷해 정확한 의미를 구분하지 못하고 사용하는 경우가 적지 않지요. 비슷한 단어의 차이를 파악하고 가장 알맞은 것을 선택해야 정확한 표현이 가능합니다. 어린이들이 실생활에서 많이 쓰면서도 헷갈리는 단어들을 모아봤습니다.

-데   -대

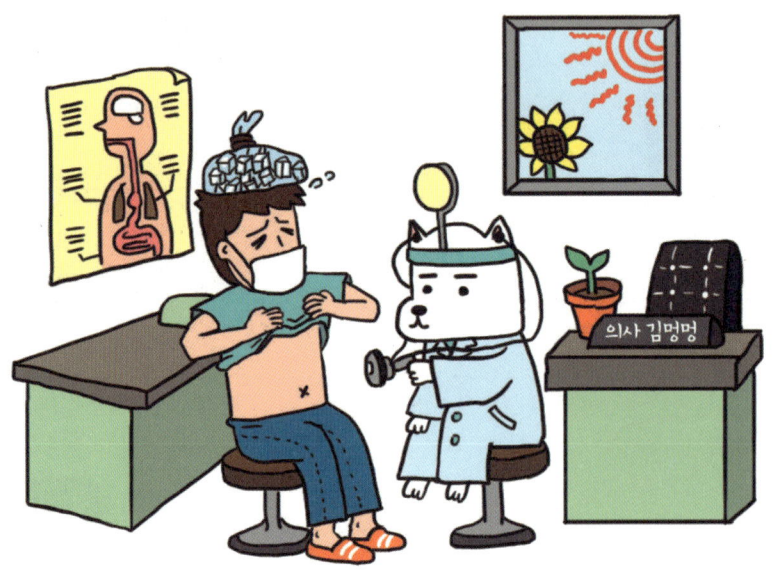

> 철이가 감기에 (걸렸대 / 걸렸데).

자신이 직접 보고 들은 것을 전달할 때는 '―데'를 쓰고 다른 사람이 말한 것을 듣고 전달할 때는 '―대'를 사용해야 합니다. '―대'는 '―다고 해'가 줄어든 말이지요.
"그 사람 곧 결혼한데"라고 하면 직접 이야기를 들은 것이고 "그 사람 곧 결혼한대"라고 하면 남을 통해서 그러한 사실을 알게 된 경우입니다. "그 사람 곧 결혼한대"는 "그 사람 곧 결혼한다고 해"와 같은 말이 되지요.

⚠ 잘못 쓰기 쉬우니 주의해야 해요

1. 철이가 감기에 걸렸데.

2. 철이가 감기에 걸렸대.

→ 1. 철이가 감기에 걸렸다는 사실을 직접 나가서 본 경우와 다른 사람에게서 들은 경우가 있을 수 있습니다. 직접 본 경우에는 '―데'를 사용해 "철이가 감기에 걸렸데"라고 해야 합니다. "철이가 감기에 걸렸더라"와 같은 말이지요.

2. 철이가 감기에 걸렸다는 것을 직접 보지 않고 다른 사람에게서 이야기를 들은 경우라면 '―대'를 써서 "철이가 감기에 걸렸대"라고 표현해야 합니다. "철이가 감기에 걸렸다고 해"라는 의미지요.

재미있고 멋있게 사용하기

1. 그 친구 많이 **변했데**.
2. 영희는 오늘 많이 **피곤하대**.
3. 영수는 돈이 하나도 **없대**.

1. 그 친구가 많이 변해 있는 사실을 본인이 직접 보고 그 사실을 전달하고 있어요.
2. 영희가 오늘 많이 피곤하다는 사실을 다른 사람에게서 들은 경우입니다.
3. 영수는 돈이 하나도 없다는 사실을 다른 사람에게서 들은 경우지요.

사전 살펴보기

―데
과거 어느 때에 직접 경험하여 알게 된 사실을 현재의 말하는 장면에 그대로 옮겨 와서 말함을 나타내는 종결어미.
- 그이가 말을 아주 잘하데.
- 그 친구는 아들만 둘이데.
- 고향은 하나도 변하지 않았데.

'―데'는 화자가 직접 경험한 사실을 나중에 보고하듯이 말할 때 쓰이는 말

―대
① '―다고 해'가 줄어든 말.
- 사람이 아주 똑똑하대.
- 철수도 오겠대?

② 어떤 사실을 주어진 것으로 치고 그 사실에 대한 의문을 나타내는 종결어미. 놀라거나 못마땅하게 여기는 뜻이 섞여 있다.
- 왜 이렇게 일이 많대?
- 신랑이 어쩜 이렇게 잘생겼대?
- 입춘이 지났는데 왜 이렇게 춥대?

-던지   -든지

(사과든지 / 사과던지) (배든지 / 배던지) 아무것이나 좋다.

'—든지'와 '—던지'를 구분하는 데 어려움을 겪는 사람이 많아요. '—든지'와 '—던지'를 쉽게 구분하는 방법은 '—든지'는 선택, '—던지'는 과거 회상을 나타내는 단어라는 사실만 기억하고 있으면 됩니다. '—든지'는 어느 것이 선택되어도 차이가 없거나 대상 중에서 어느 것이 선택될 수 있음을 나타내는 조사(명사 뒤)나 연결어미(동사나 형용사의 어간 뒤)로 쓰입니다. '—던지'는 지나간 일(과거)을 회상하거나 추측·의심·가정하는 뜻을 가진 단어로, 주로 연결어미로 쓰이나 조사로 사용될 때도 있어요.

⚠ 잘못 쓰기 쉬우니 주의해야 해요

1. **사과든지 배든지** 아무것이나 좋다.
2. 공부를 **하든 놀든** 마음대로 해라.

→ 1. 대부분 사람이 과일을 좋아합니다. 사과를 좋아하기도 하고 배를 좋아하기도 하지요. 둘 다 좋아하기 때문에 어느 것이나 다 좋다고 하는 경우라면 '사과든지 배든지'처럼 '—든지'라는 낱말을 사용해야 합니다. '—던지'는 과거를, '—든지'는 선택을 나타냅니다.

2. '—든' 역시 '—든지'와 마찬가지로 선택을 나타냅니다. '하든 놀든'은 '하든지 놀든지'와 같은 뜻이에요.

1. **가든가 말든가** 마음대로 해라.
2. 선생님께서 **기뻐하시던?**
3. **무엇이든지** 먹고자 한다. 〔속담〕

1. 가거나 말거나 선택을 하라는 뜻이에요.
2. 선생님께서 기뻐하셨는지 묻고 있어요.
3. 만사를 제쳐놓고 먹기를 위주로 삼음을 이르는 말입니다.

든지
어느 것이 선택되어도 차이가 없는 둘 이상의 일을 나열함을 나타내는 보조사.
- 사과든지 배든지 다 좋다.
- 함께든지 혼자서든지 잘 놀면 되었지.
- 걸어서든지 달려서든지 제시간에만 오너라.
- 공부를 잘한다든지 운동을 잘한다든지 무엇이든 하나는 잘해야 한다.

던지
막연한 의문이 있는 채로 그것을 뒤 절의 사실이나 판단과 관련시키는 데 쓰는 연결어미.
- 얼마나 춥던지 손이 곱아 펴지지 않았다.
- 아이가 얼마나 밥을 많이 먹던지 배탈 날까 걱정이 되었다.
- 동생도 놀이가 재미있었던지 더 이상 엄마를 찾지 않았다.

-로서 -로써

> 그는 (**책임자로서** / **책임자로써**) 자기가 맡은 일에 최선을 다했다.

'—로서'는 지위나 신분 또는 자격을 나타내는 조사예요. '—로써'는 어떤 물건의 재료나 원료, 수단이나 도구를 나타내는 조사고요. '—로서'는 자격, '—로써'는 도구라고 쉽게 기억해도 됩니다.

조사란 명사나 부사 등에 붙어 그 말과 다른 말과의 문법적 관계를 표시하거나 그 말의 뜻을 도와주는 품사를 말합니다. '은, 는, 이, 가, 만, 까지, 도, 와, 과' 등이 있어요.

⚠ 잘못 쓰기 쉬우니 주의해야 해요

1. 그는 책임자로서 자기가 맡은 일에 최선을 다했다.

2. 우리는 굳은 신념과 용기로써 이 시련을 이겨내야 한다.

→ 1. 책임자의 자격 또는 책임자의 지위를 가리키므로 '책임자로서'라고 해야 합니다. '선생님으로서', '학생으로서', '군인으로서'도 이처럼 자격이나 지위를 나타낼 때 쓰이는 예이지요.

2. 용기를 가지고 이겨내야 한다는 뜻이므로 '용기로써'가 바른 표기입니다. '용기로써'를 '용기를 가지고'로 바꾸어도 말이 잘 됩니다.

재미있고 멋있게 사용하기

1. 그것은 **학생으로서** 할 일이 아니다.
2. 그는 친구로서는 좋으나 **남편감으로서는** 부족한 점이 많다.
3. **대화로써** 갈등을 풀어나가야 한다.

1. 학생의 신분으로 할 일이 아니라는 뜻이에요.
2. 친구로 지내기는 적절하니 결혼을 해서 함께 살기에는 적당하지 않다는 말입니다.
3. 대화를 통해 문제를 해결해 나가야 한다는 의미예요.

사전 살펴보기

로서
① 지위나 신분 또는 자격을 나타내는 격조사.
• 언니는 아버지의 딸로서 부족함이 없다고 생각했었다.
② (예스러운 표현으로) 어떤 동작이 일어나거나 시작되는 곳을 나타내는 격조사.
• 이 문제는 너로서 시작되었다.

로써
① 어떤 물건의 재료나 원료를 나타내는 격조사.
• 쌀로써 떡을 만든다.
② 어떤 일의 수단이나 도구를 나타내는 격조사.
• 이제는 눈물로써 호소하는 수밖에 없다.
③ 시간을 셈할 때 셈에 넣는 한계를 나타내는 격조사.
• 시험을 치는 것이 이로써 일곱 번째가 됩니다.

 방과 후 학교 (참석률 / 참석율)이 높았다.

'율'과 '률'의 한자는 '률(率)'로 같지만 다음과 같이 구분해 적어요.
① 'ㄴ' 외의 받침이 있는 말 뒤에서는 '률'로 표기합니다.
　　— 성장률, 손실률, 부담률, 응답률, 수익률
② 앞말에 ㄴ 받침이 올 땐 '율'로 적지요.
　　— 생존율, 출산율, 환율, 생산율, 지분율, 교환율
③ 받침이 없는 경우에는 당연히 '율'입니다. '율'이 자연스럽게 발음되기 때문이지요.
　　— 이자율, 연체율, 연소율, 감세율, 증가율

⚠️ 잘못 쓰기 쉬우니 주의해야 해요

1. 방과 후 학교 참석률이 높았다.

2. 지난해보다 이자율이 감소했다.

→ 1. 받침이 있는 단어 다음에는 '—률'이 쓰여요. '참석'도 마찬가지로 받침이 있기 때문에 '참석률'이라고 해야 합니다.

2. 받침이 없는 단어 다음에는 '—율'이 사용되지요. '이자'도 받침이 없으므로 '이자율'이라고 해야 합니다.

재미있고 멋있게 사용하기

1. 초등학생 **감소율**이 늘어나고 있다.
2. 우리나라의 **출생률**이 점점 낮아지고 있다.
3. 이자 **연체율**이 늘어나고 있다.

1. 초등학생 숫자가 점점 더 크게 줄어들고 있다는 의미예요.
2. 우리나라에서 태어나는 사람 수가 적어지고 있다는 말입니다.
3. 이자를 갚지 못하는 비율이 늘어났다는 뜻이에요.

사전 살펴보기

 률
('ㄴ' 받침을 제외한 받침 있는 일부 명사 뒤에 붙어) '비율'의 뜻을 더하는 접미사.
- 경쟁률
- 사망률
- 입학률
- 출생률
- 취업률

 율
(모음으로 끝나거나 'ㄴ' 받침을 가진 일부 명사 뒤에 붙어) '비율'의 뜻을 더하는 접미사.
- 감소율
- 소화율
- 할인율
- 이자율

-에 -에게

이틀마다 꽃에 물을 줘라.

강아지에게 먹이를 줘라.

> **이틀마다 (꽃에게 / 꽃에) 물을 줘라.**

어떤 행동을 일으키거나 행동이 미치는 대상을 나타내는 조사에는 '—에'와 '—에게'가 있어요. 대부분 사람이 둘을 구분하지 않고 '—에게'를 쓰는 경향이 있습니다. 그러나 사람이나 동물인 경우에만 '에게'를 써야 해요. "이틀마다 꽃에 물을 줘라"처럼 사람·동물이 아닐 때엔 '에'를 사용해야 하지요.

⚠️ 잘못 쓰기 쉬우니 주의해야 해요

1. 이틀마다 꽃에 물을 줘라.
2. 친구들에게 합격 사실을 알렸다.

→ 1. 꽃은 사람이나 동물처럼 감각이나 감정이 없는 것입니다. 이를 무정물(無情物)이라고 하지요. 이러한 무정물에는 '―에게'가 아니라 '―에'를 씁니다.

2. 사람이나 동물과 같이 무엇을 느끼고 생각할 수 있는 것은 유정물(有情物)이라고 합니다. 이러한 유정물에는 '―에게'를 사용하지요. 친구들은 사람, 즉 유정물이므로 '친구들에게'라고 표현해야 합니다.

1. **고양이에게** 반찬 달란다. 〔속담〕
2. **강아지에게** 메주 멍석 맡긴 것 같다. 〔속담〕
3. 끼니 없는 **놈에게** 점심 의논. 〔속담〕

1. 상대편에게 절실하게 필요한 것을 달라고 힘을 비유적으로 표현할 때 사용합니다. = 호랑이에게 고기 달란다.
2. 강아지한테 메주 멍석을 맡기면 메주를 먹을 것은 뻔한 일이에요. 어떤 일이나 물건을 믿지 못할 사람에게 맡겨 놓고 마음이 놓이지 않아 걱정함을 비유적으로 이르는 말입니다.
3. 작은 걱정을 가진 사람이 큰 걱정을 가진 사람에게 도와달라고 하는 경우를 비유적으로 이르는 말이에요.

에게
① 일정하게 제한된 범위를 나타내는 격조사. 어떤 물건의 소속이나 위치를 나타낸다.
- 영희에게 무슨 일이 생겼을까?
② 어떤 행동이 미치는 대상을 나타내는 격조사.
- 돼지에게 먹이를 주다.
③ 어떤 행동을 일으키는 대상임을 나타내는 격조사.
- 남에게 놀림을 받다.

에
① 앞말이 처소의 부사어임을 나타내는 격조사.
- 옷에 먼지가 묻다.
② 앞말이 시간의 부사어임을 나타내는 격조사.
- 나는 아침에 운동을 한다.
③ 앞말이 목표나 목적 대상의 부사어임을 나타내는 격조사.
- 몸에 좋은 보약

가르치다 가리키다

> 선생님은 우리들에게 바른 길을 가야 한다고 (**가르치셨다** / **가리키셨다**).

많이 쓰면서도 늘 헷갈리는 말이 '가르치다/가리키다'입니다. '가르치다'는 지식·기능·이치 등을 깨닫거나 익히게 하는 것이지요. '가리키다'는 손가락·고갯짓 따위로 어떤 방향·대상을 집어 보이거나 알리는 것이랍니다.

⚠ 잘못 쓰기 쉬우니 주의해야 해요

1. 선생님은 우리들에게 바른 길을 가야 한다고 가르치셨다.

2. 달을 가리키면 달을 봐야지 손가락 끝은 왜 보나.

→ 1. 선생님이 바른 길을 가라고 일깨우는 내용이므로 '가리키다'가 아니라 '가르치다'가 맞는 말입니다. 과거형은 '가리켰다'가 아니라 '가르쳤다'가 되지요.

2. 달이라는 대상을 집어서 보이면서 이야기하는 것이므로 이 경우에는 '가리키다'가 바른말입니다. 본질은 보지 않고 엉뚱한 것을 봄을 일컫는 말이지요.

재미있고 멋있게 사용하기

1. 버르장머리를 **가르쳤다**.
2. 송아지 천자(千字) **가르치듯**. 〔속담〕
3. 돈 모아 줄 생각 말고 자식 글 **가르쳐라**. 〔속담〕

1. 그릇된 버릇 등을 고치어 바로 잡았다는 의미지요.
2. 미련하고 아눈해 알아듣지도 못하고 들으려 하지도 않는 사람을 억지로 애써 가르치는 모양을 비유적으로 이르고 있습니다.
3. 자식을 위한 가장 좋은 유산은 교육을 잘 시키는 일임을 강조하는 말이에요.

사전 살펴보기

가르치다
① 지식이나 기능, 이치 따위를 깨닫게 하거나 익히게 하다. = 지도하다, 교육하다, 강의하다 ↔ 배우다
· 그는 그녀에게 운전을 가르쳤다.
② 그릇된 버릇 따위를 고치어 바로잡다.
· 저런 놈에게는 버르장머리를 톡톡히 가르쳐놓아야 한다.
③ 교육 기관에 보내 교육을 받게 하다.
· 그는 자식을 가르치느라고 재산을 모으지 못했다.

가리키다
① 손가락 따위로 어떤 방향이나 대상을 집어서 보이거나 말하거나 알리다.
· 그는 손가락으로 북쪽을 가리켰다.
② 어떤 대상을 특별히 집어서 두드러지게 나타내다.
· 사람들은 동에 번쩍, 서에 번쩍 하는 그를 가리켜 현대판 홍길동이라고 했다.

결재   결제

> **이번 달 카드 (결제 / 결재)할 것이 많다.**

'결제(決濟)'는 증권 또는 대금을 주고받아 매매 당사자 사이의 거래 관계를 끝맺는 일을 뜻해요. "밀린 카드 대금을 결제했다"와 같이 쓸 수 있지요. '결재(決裁)'는 안건을 허가한다는 의미랍니다. "결재를 올렸다", "결재가 났다", "결재를 받았다" 등처럼 서류에 허가한다는 의미의 도장을 찍거나 사인을 하는 것을 일컫지요.

⚠ 잘못 쓰기 쉬우니 주의해야 해요

1. 이번 달 카드 결제할 것이 많다.

2. 교장선생님이 담임선생님들이 작성한 서류를 결재하셨다.

→ 1. 부모님은 월말이 다가오면 항상 카드 결제에 신경이 쓰입니다. 카드를 결제한다는 것은 카드빚을 갚는 것을 말합니다. 즉 카드를 쓴 만큼의 돈을 갚아서 거래 관계를 마무리해야 하지요. 이런 것이 바로 '결제'입니다. 따라서 '카드 결제'라고 해야 해요.

2. 선생님들도 학생들 공부와 기타 학교생활 등과 관련한 서류를 작성하곤 합니다. 이러한 서류는 최종적으로 교장선생님에게 승인을 받아야 합니다. 이러한 것을 '결재'라고 하지요.

재미있고 멋있게 사용하기

1. 통장으로 **결제** 대금이 빠져나간다.
2. 윗사람에게 **결재** 서류를 올렸다.
3. 스마트폰을 통해 지갑 없는 모바일 **결제** 시대가 열렸다.

1. 갚아야 할 돈이 통장에서 자동이체로 빠져나간다는 뜻이에요.
2. 윗사람에게 승인을 요청하는 서류를 올렸다는 의미입니다.
3. 요즘은 스마트폰으로 인터넷 검색은 물론 온라인 뱅킹과 회사 업무까지 처리하는 시대예요. '결제'는 물론 '결재'가 가능한 셈이지요. 스마트폰으로 은행 업무를 본다면 '결제'이고, 서류나 안건을 승인한다면 '결재'가 돼요.

사전 살펴보기

결제
증권 또는 대금을 주고받아 매매 당사자 사이의 거래 관계를 끝맺는 일.
- 결제 자금
- 어음의 결제

결재
결정할 권한이 있는 상관이 부하가 제출한 안건을 검토하여 허가하거나 승인함. = 재가(裁可)
- 결재 서류
- 결재가 나다.
- 결재를 받다.

금새　금세

 소문이 (금새 / 금세) 퍼졌다.

'금세'는 '지금 바로'를 뜻하는 부사어예요. '금시(今時)+에'가 줄어든 말이기 때문에 '금새'가 아니라 '금세'가 되지요. "금세 정이 들었다", "몇 번 해보고는 금세 깨우쳤다" 등처럼 쓰여요.

'금새'는 물건의 값 또는 물건 값의 비싸고 싼 정도를 뜻하는 명사입니다. 시세나 흥정에 따라 결정되는 물건의 값을 나타내는 '금'(금을 매기다)에 일부 명사 또는 용언의 명사형 뒤에 붙어 모양·상태·정도의 뜻을 더하는 접미사 '―새'가 붙은 형태이지요.

⚠️ 잘못 쓰기 쉬우니 주의해야 해요

1. 소문이 금세 퍼졌다.

2. 약을 먹은 효과가 금세 나타났다.

→ 1. 소문은 생각보다 정말 빨리 전파됩니다. 요즘은 특히 인터넷을 타고 삽시간에 온 나라에, 또는 온 세상에 퍼지기도 하지요. 이처럼 짧은 시간을 가리키는 말은 '금세'입니다. '금새'와 헷갈리면 '금시에'를 생각해보면 됩니다. '금시에'가 줄어서 '금세'가 되거든요.

2. 몸이 아플 때는 약을 먹어야 합니다. 약을 먹은 뒤에는 어느 정도 시간이 지나야 효과가 나타나기 시작하지요. 약 효과가 금방 나타난다면 이 역시 '금새'가 아니라 '금세'라고 해야 합니다.

재미있고 멋있게 사용하기

1. 내용을 **금세** 간파했다.

2. 태도가 **금세** 돌변했다.

3. **금새도** 모르고 싸다 한다. (속담)

1. 내용을 바로 파악했다는 의미지요.

2. 태도가 갑자기 바뀌었다는 뜻입니다.

3. 금도 모르면서 싸다 한다'의 북한 속담으로 일의 속사정은 잘 알지도 못하면서 경솔하게 판단함을 의미해요.

사전 살펴보기

금세
지금 바로. '금시에'가 줄어든 말로 구어체에서 많이 사용된다.
- 소문이 금세 퍼졌다.
- 약을 먹은 효과가 금세 나타났다.

금새
물건의 값. 또는 물건 값의 비싸고 싼 정도.
- 금새(를) 치다.

껍데기 껍질

 삶은 달걀의 (껍질 / 껍데기)을[를] 깐 뒤 소금을 찍어 먹었다.

'껍질'은 물체의 겉을 싸고 있는 단단하지 않은 물질을 가리켜요. "귤의 껍질을 깠다", "양파의 껍질을 벗겼다" 등처럼 사용되지요.

'껍데기'는 달걀이나 조개 등의 겉을 싸고 있는 단단한 물질을 일컬어요. "달걀 껍데기를 깨뜨렸다", "나는 굴 껍데기가 닥지닥지 달라붙은 바위를 짚고 내렸다" 등처럼 사용해야 합니다.

⚠️ 잘못 쓰기 쉬우니 주의해야 해요

1. 삶은 달걀의 **껍데기를** 깐 뒤 소금을 찍어 먹었다.

2. 이 사과는 **껍질이** 너무 두껍다.

→ 1. 달걀의 껍질은 단단합니다. 세게 힘을 가해야 깨지지요. 이처럼 단단한 물질은 '껍질'이 아니라 '껍데기'라고 해야 합니다.

2. 사과는 부드럽고 얇은 외피(外皮)를 가지고 있습니다. 입으로 살짝 깨물기만 해도 벗겨지지요. 양파나 귤 등도 마찬가지로 외피가 부드럽습니다. 이러한 것은 '껍데기'가 아니라 '껍질'이라고 해야 해요.

1. **껍질** 없는 털이 있을까. 〔속담〕
2. **껍질** 상치 않게 호랑이를 잡을까. 〔속담〕
3. **조개껍데기는** 녹슬지 않는다. 〔속담〕

1. 무엇이나 그 바탕이 있어야 생길 수 있음을 비유적으로 이르는 말이에요. = 가죽이 있어야 털이 나지.
2. 호랑이 가죽이 상하지 않고서 호랑이를 잡을 수 없다는 뜻으로, 힘들여 애써야 일을 이룰 수 있음을 비유적으로 표현한 말입니다.
3. 천성이 착하고 어진 사람은 다른 사람의 나쁜 습관에 물들지 않음을 비유적으로 이르는 말이에요.

껍데기
① 달걀이나 조개 따위의 겉을 싸고 있는 단단한 물질. = 각(殼)
- 달걀 껍데기를 깨뜨리다.
② 알맹이를 빼내고 겉에 남은 물건.
- 이불의 껍데기를 갈다./베개 껍데기를 벗겼다./속에 든 과자는 다 먹고 껍데기만 남았다.
③ 화투에서, 끗수가 없는 패짝. = 껍질, 피

껍질
① 물체의 겉을 싸고 있는 단단하지 않은 물질. = 피(皮)
- 귤의 껍질을 까다./이 사과는 껍질이 너무 두껍다.
- 늙은 호박은 겉껍질이 단단해서 우선 숟갈로 껍질을 박박 긁어 버린다.
② = 껍데기 3.

꽃봉오리 산봉우리

> **벚꽃이 (꽃봉오리 / 꽃봉우리)를 터뜨렸다.**

꽃을 가리키는 말은 '꽃봉오리' 또는 '봉오리'입니다. '봉우리'는 산에서 뾰족하게 높이 솟은 부분을 가리키는 말로 '산봉우리'와 같은 의미지요. 따라서 꽃을 나타낼 때 '봉우리'나 '꽃봉우리'라고 표현해서는 안 된답니다. '봉오리'는 꽃, '봉우리'는 산이라고 기억하면 됩니다.

⚠ 잘못 쓰기 쉬우니 주의해야 해요

1. 벚꽃이 꽃봉오리를 터뜨렸다.
2. 달이 산봉우리에 걸려 있었다.

→ 1. 봄이 되면 무엇보다 벚꽃이 언제 필지가 관심입니다. 곳곳에서 벚꽃 축제가 열리기도 하지요. 벚꽃나무에 망울이 우선 맺힌 뒤 그 망울이 터져야만 벚꽃이 핀 것이 됩니다. 이처럼 망울만 맺히고 아직 꽃이 피지 않은 것을 '꽃봉오리'라고 해요. '봉오리'라고 해도 되지요.

2. 산의 끝은 대부분 뾰족하게 솟아 있습니다. 이렇게 뾰족하게 높이 솟은 부분을 '산봉우리'라고 합니다. '산봉우리' 대신 그냥 '봉우리'라고 해도 되고요.

1. 왕벚꽃의 **꽃봉오리가** 상춘객의 발길을 사로잡았다.
2. 산의 제일 높은 **봉우리에** 올랐다.
3. 어린이는 이 나라를 이끌어갈 **꽃봉오리며** 기둥이다.

1. 망울만 맺히고 아직 피지 않은 꽃이 봄을 즐기러 나온 사람들의 발길을 사로잡았다는 뜻이에요.
2. 산에서 가장 뾰족하게 높이 솟은 부분에 올랐다는 의미입니다.
3. 어린아이나 장래가 기대되는 젊은 세대를 비유적으로 이르는 말이에요.

꽃봉오리
① 망울만 맺히고 아직 피지 아니한 꽃.
- 꽃봉오리가 맺히다.
② 장래가 기대되는 어떤 일의 첫 시기의 상태를 비유적으로 이르는 말.
- 지금까지의 성과는 앞으로 더 훌륭한 열매를 맺기 위한 꽃봉오리에 지나지 않는다.

산봉우리
산에서 뾰족하게 높이 솟은 부분. = 봉수(峯岫), 봉우리, 산령(山嶺), 산봉(山峯)
- 눈이 하얗게 덮인 산봉우리
- 달은 벌써 산봉우리 위로 올라앉았다.

낫다   낳다

강아지가 새끼를 낳았다.

감기가 나았다.

 많이 아프시다고 들었습니다. 얼른 (낳으세요 / 나으세요).

'낳다'는 배 속의 아이·새끼·알을 몸 밖으로 내놓다는 뜻이지요. "아이를 낳다", "새끼를 낳다" 등처럼 쓰입니다.

병이나 상처 등이 고쳐져 본래대로 되다는 의미로 사용되는 단어는 '낫다'예요. '낫다'를 활용하면(낫+으세요) 나으세요'가 되고요. "병이 씻은 듯이 나았다", "감기가 낫는 것 같더니 다시 심해졌다" 등과 같이 사용됩니다.

⚠ 잘못 쓰기 쉬우니 주의해야 해요

1. 많이 아프시다고 들었습니다. 얼른 나으세요.

2. 우리 집 소가 오늘 아침 송아지를 낳았다.

→ 1. 한번은 유명 연예인이 다쳤는데 인터넷에 '얼른 낳으세요'라는 댓글이 많이 달려서 논란이 된 적이 있습니다. '얼른 낳으세요'라고 하면 아기를 빨리 낳으라는 말이 되거든요. '나으세요'가 바른말입니다.

2. 배 속의 아이나 새끼를 몸 밖으로 내놓을 때는 '낳다'는 말을 사용해요. '아이를 낳다', '새끼를 낳다' 이런 식으로 쓰이지요. 송아지도 '낳다', '낳았다'고 표현해야 합니다.

1. **낳은** 정보다 기른 정이 더 크다. (속담)
2. 가까운 남이 먼 일가보다 **낫다**. (속담)
3. 가을에 밭에 가면 가난한 친정에 가는 것보다 **낫다**. (속담)

1. 길러준 정이 낳은 정보다 그고 소중하다는 말이에요.
2. 이웃끼리 서로 친하게 지내다 보면 먼 곳에 있는 일가보다 더 친하게 되어 서로 도우며 살게 된다는 것을 뜻합니다. = 먼 사촌보다 가까운 이웃이 낫다. 먼 일가와 가까운 이웃. 지척의 원수가 천 리의 벗보다 낫다.
3. 가을밭에는 먹을 것이 많다는 의미로 사용돼요.

낳다

① 배 속의 아이, 새끼, 알을 몸 밖으로 내놓다. = 출산(出産)하다 ↔ (아기를) 배다
- 아이를 낳다./자식을 낳아 기르다.

② 어떤 결과를 이루거나 가져오다. = 만들다, 발생시키다
- 많은 이익을 낳는 유망 사업/소문이 소문을 낳다.

③ 어떤 환경이나 상황의 영향으로 어떤 인물이 나타나도록 하다. = 배출하다
- 그는 우리나라가 낳은 천재적인 과학자다.

낫다

① 병이나 상처 따위가 고쳐져 본래대로 되다. = 치료(治療)되다, 치유(治癒)되다 ↔ (병이) 들다, 걸리다
- 병이 씻은 듯이 나았다.
- 감기가 낫는 것 같더니 다시 심해졌다.
- 그는 병이 다 나았다고 했지만 조금 핼쑥해 보였다.

② 보다 더 좋거나 앞서 있다. = 더 좋다, 뛰어나다 ↔ 못하다
- 서민들 살기에는 아무래도 겨울보다 여름이 낫다.
- 형보다 동생이 인물이 낫다.

너머 넘어

> 산 (넘어 / 너머) 조붓한 오솔길에 봄이 찾아온다네.
> 들 (넘어 / 너머) 뽀얀 논밭에도 온다네…. – 〈봄이 오는 길〉(박인희 노래) 가운데

'너머'는 가로막은 사물의 저쪽 또는 그 공간을 뜻해요. '고개 너머 작은 마을', '언덕 너머 저편' 등처럼 쓰이지요. 위치를 나타내므로 '―에' 또는 '―에 있는'을 붙여도 말이 잘 통합니다.
'넘어'는 동사 '넘다'에서 온 부사어이지요. 지나거나 건너는 등의 동작을 나타냅니다. "산을 넘고 넘어 그대를 찾아왔다"처럼 사용돼요. '너머'는 위치, '넘어'는 동작이라고 생각하면 쉽습니다.

⚠ 잘못 쓰기 쉬우니 주의해야 해요

1. 산 너머 조붓한 오솔길에 봄이 찾아온다네. 들 너머 뽀얀 논밭에도 온다네….
2. 두 사람은 위기를 넘어 마침내 결혼에 성공했다.

→ 1. 박인희의 노래 〈봄이 오는 길〉의 가사 일부분입니다. '산 너머'와 '들 너머'가 나오지요. 이때 '넘어'인지 헷갈립니다. 가로 막은 저쪽 공간을 뜻하는 말은 '너머'입니다. 따라서 '산 너머 조붓한 오솔길', '들 너머 뽀얀 논밭'이 됩니다. '너머'를 '너머에 있는'으로 바꾸어도 말이 잘 됩니다.

2. 연애를 할 때도 힘든 시기가 닥쳐오게 마련입니다. 이러한 때를 잘 견뎌내야만 두 사람이 결혼할 수 있습니다. 위기를 넘는다는 것은 곧 위기를 극복한다는 말입니다. 이처럼 '극복하고'라는 뜻으로는 '넘다'는 동사의 부사형인 '넘어'가 쓰여요.

재미있고 멋있게 사용하기

1. 중앙선을 **넘어** 달리다 사고를 냈다.
2. 찬성률이 반수를 **넘어** 55퍼센트에 달했다.
3. 척 그러면 울 **너머** 호박 떨어지는 줄 알아라. 〔속담〕

1. 중앙에 그려진 차선을 이탈해 달리다 사고를 냈다는 뜻이에요.
2. 찬성 비율이 반수보다 더 많은 숫자가 나왔음을 의미합니다.
3. 눈치와 짐작이 빨라야 한다는 것을 일컫는 말이지요.

사전 살펴보기

너머
높이나 경계로 가로막은 사물의 저쪽. 또는 그 공간. '넘어'는 "산을 넘어 간다."처럼 동작을 나타내지만 '너머'는 공간이나 공간의 위치를 나타낸다.
- 산 너머
- 고개 너머
- 저 너머
- 뒤뜰 돌담 너머

넘다
① 일정한 시간, 시기, 범위 따위에서 벗어나 지나다.
- 할아버지의 연세가 일흔이 넘으셨다.
② 높은 부분의 위를 지나가다.
- 산을 넘다.
③ 경계를 건너 지나다. = 건너다
- 국경을 넘다.
④ 일정한 기준이나 한계 따위를 벗어나 지나다. = 넘어서다
- 옥수수의 키가 어른의 키를 넘었다.

놀라다 놀래다

> **고함소리에 화들짝 (놀랐다 / 놀랬다).**

'놀라다'는 '갑작스러운 일을 당해 가슴이 두근거리다', '뛰어나거나 신기한 것에 감동하다', '어처구니가 없거나 기가 막히다' 등의 뜻으로 사용됩니다.

'놀래다'는 '놀라다'의 사동형이지요. 사동이란 주체가 제3의 대상에게 동작이나 행동을 하게 하는 것을 뜻합니다. 즉 남에게 어떻게 하도록 시키는 것이지요. 따라서 '놀래다'는 '(남을) 놀라게 하다'는 뜻입니다.

⚠ 잘못 쓰기 쉬우니 주의해야 해요

1. 고함소리에 화들짝 **놀랐다**.

2. 뒤에서 갑자기 나타나서 그를 **놀래주자**.

→ 1. 갑자기 누군가 큰소리를 친다면 무서워서 가슴이 두근거리게 마련이지요. 이처럼 무서움을 당해 가슴이 두근거릴 때 '놀라다'는 표현을 씁니다. 과거형은 '놀랐다'가 되지요.

2. 일부러 뒤에서 갑자기 휙 하고 나타나 친구를 놀라게 하는 장난을 치기도 하지요. 이와 같이 남을 놀라게 할 때는 '놀래다'는 낱말을 씁니다. '놀래다'는 '놀라다'의 사동사입니다. 남에게 그 행동이나 동작을 하게 함을 나타내는 동사가 사동사예요.

재미있고 멋있게 사용하기

1. 도둑놈이 제 발자국에 **놀란다**. 〔속담〕

2. **놀란** 토끼 벼랑 바위 쳐다보듯. 〔속담〕

3. 자라 보고 **놀란** 가슴 소댕〔솥뚜껑〕 보고 **놀란다**. 〔속담〕

1. 나쁜 짓을 하고 그것을 숨기려고 하나 저도 모르는 사이에 죄를 드러내고 맒을 비유적으로 이르는 말이에요. = 도둑놈이 제 말에 잡힌다.

2. 말도 못하고 눈만 껌벅거리며 쳐다보는 모습을 비유적으로 표현하고 있어요.

3. 어떤 사물에 몹시 놀란 사람은 비슷한 사물만 보아도 겁을 냄을 이르는 말입니다. = 더위 먹은 소 달만 보아도 헐떡인다. 뜨거운 물에 덴 놈 숭늉 보고도 놀란다. 불에 놀란 놈이 부지깽이(화젓가락)만 보아도 놀란다.

사전 살펴보기

놀라다
① 뜻밖의 일이나 무서움에 가슴이 두근거리다. = 기절초풍하다
• 그는 경적 소리에 깜짝 놀라 잠에서 깼다.
② 뛰어나거나 신기한 것을 보고 매우 감동하다.
• 엄청난 규모에 놀라다
③ 어처구니가 없거나 기가 막히다. = 당황하다
• 미국에서 5년 동안이나 살았는데 영어 한마디 못한다는 사실에 모두가 놀랐다.
④ 평소와 다르게 심한 반응을 보이다.
• 오랜만에 고기를 실컷 먹었더니 창자가 놀랐는지 배가 아프다.

놀래다
'놀라다'의 사동사.
• 그들이 그에게 총격을 가해 온 것은 그를 놀래주기 위한 것이 아니고 바로 그를 죽이기 위한 목적이었다.

늘이다   늘리다

"시험 시간을 30분 (늘였다 / 늘렸다)."

'늘이다', '늘리다'가 늘 헷갈리지요? '늘이다'는 "고무줄을 늘였다", "바짓단을 늘였다"처럼 본디보다 길게 할 때 쓰입니다. '늘리다'는 "학생 수를 늘렸다", "적군은 세력을 늘린 후 다시 침범했다"와 같이 수량·재산·세력·능력 등을 원래보다 커지게 할 때 사용되지요. 길이와 관련된 것은 '늘이다', 양과 관련된 것은 '늘리다'를 쓴다고 생각하면 쉽습니다.

⚠ 잘못 쓰기 쉬우니 주의해야 해요

1. 시험 시간을 30분 늘렸다.

2. 엿가락을 길게 늘였다.

→ 1. 시험을 볼 때는 항상 시간이 부족함을 느낍니다. 시간을 좀 더 준다면 얼마나 좋을까요. 이처럼 시간을 원래보다 좀 더 길게 할 때 '늘리다'를 씁니다. 과거형은 '늘렸다'이고요. 시간처럼 수치를 더 많게 하는 것에는 '늘리다'를 사용합니다.

2. 엿가락은 손으로 끝과 끝을 잡고 잡아당기면 길게 늘어납니다. 본디보다 길이가 길어지는 것이지요. 이럴 때는 '늘이다'를 씁니다. 과거형은 '늘였다'이고요. 바지 기장이 짧아서 조금 더 길게 할 때도 '늘이다'를 사용합니다.

1. 관계망을 **늘였다**.

2. 학생 수를 **늘렸다**.

3. 열심히 벌어 살림을 **늘렸다**.

1. 다른 사람과의 관계를 더욱 넓혔다는 의미지요.

2. 학생 수를 많게 했다는 뜻입니다.

3. 집안에서 쓰는 물건들을 더욱 많게 했다는 말이에요.

 사전 살펴보기

늘이다
① 본디보다 더 길게 하다. ↔ 줄이다, 짧게 하다
- 고무줄을 늘이다.
- 바짓단을 늘이다.
② 선 따위를 연장하여 계속 긋다.
- 선분 ㄱㄴ을 늘이면 다른 선분과 만나게 된다.
③ 아래로 길게 처지게 하다.
- 주렴을 늘이다.
④ 넓게 벌여놓다.
- 경계망을 늘이다.

늘리다
① 물체의 넓이, 부피 따위를 본디보다 커지게 하다. = 확대하다 ↔ 줄이다
- 주차장의 규모를 늘리다.
② '늘다'의 사동사. = 확대하다, 더하다 ↔ 줄이다, 감소하다
- 학생 수를 늘리다.
- 실력을 늘려서 다음에 다시 도전해보아라.
- 쉬는 시간을 늘리다.

다르다 틀리다

> **너와 나는 생각이 (다르다 / 틀리다).**

'다르다'는 비교가 되는 두 대상이 서로 같지 않다는 뜻입니다. "아들이 아버지와 얼굴이 다르다", "군자와 소인은 다르다" 등과 같이 사용되지요.

'틀리다'는 셈이나 사실 등이 어긋나거나 마음이나 행동 등이 올바르지 못하고 비뚤어지다는 의미로 쓰입니다. "답이 틀리다", "그는 인간이 틀렸어" 등처럼 사용해요.

⚠ 잘못 쓰기 쉬우니 주의해야 해요

1. 너와 나는 생각이 다르다.

2. 그 사람은 외모는 출중한데 성격이 틀렸어.

→ 1. 사람마다 생각에 차이가 있습니다. 같은 일이나 똑같은 사물을 두고도 각자 생각하는 바가 다를 수 있지요. 이럴 때는 '다르다'고 해야 합니다. '다르다'는 단순한 차이를 나타냅니다.

2. 성격이 좋지 못한 사람이 있을 수도 있습니다. 특히 다른 것은 다 좋은데 성격이 좋지 못하다면 참 아쉬운 점이 아닐 수 없지요. 인물은 좋은데 성격이 좀 문제인 사람도 있을 수 있습니다. 이런 경우 '틀리다'는 단어를 써 '성격이 틀렸다'고 합니다. 성격이 잘못됐다는 뜻이지요. '틀리다'는 잘못된 것이기 때문에 바로잡아야 한다는 의미를 담고 있습니다.

재미있고 멋있게 사용하기

1. 뒷간에 갈 적 마음 **다르고** 올 적 마음 **다르다**. (속담)
2. 말이란 아 해 **다르고** 어 해 **다르다**. (속담)
3. 잠은 같이 자도 꿈은 **다른** 꿈을 꾼다. (속담)

1. 급할 때와 그것을 해소하고 난 다음의 마음이 다르다는 뜻이지요. = 똥 누러 갈 적 마음 다르고 올 적 마음 다르다.
2. 말을 조심해서 하라는 의미입니다. = 말이란 탁 해 다르고 툭 해 다르다.
3. 겉으로는 같이 행동하는 듯하지만 속으로는 딴생각을 한다는 것을 비유하는 말이에요.

사전 살펴보기

다르다
① 비교가 되는 두 대상이 서로 같지 아니하다. ↔ 같다
- 아들이 아버지와 얼굴이 다르다.
- 너와 나는 다르다.
- 군자와 소인은 다르다.
② 보통의 것보다 두드러진 데가 있다.
- 고장 난 문을 감쪽같이 고치다니 기술자는 역시 달라.

틀리다
① 셈이나 사실 따위가 그르게 되거나 어긋나다. ↔ 맞다
- 답이 틀리다.
- 계산이 틀리다.
② 바라거나 하려는 일이 순조롭게 되지 못하다. = 어그러지다
- 오늘 이 일을 마치기는 틀린 것 같다.
③ 마음이나 행동 따위가 올바르지 못하고 비뚤어지다.
- 그는 인간이 틀렸어.

당기다　댕기다

> **봄이 되니 입맛이 (당긴다 / 댕긴다).**

'당기다'는 '입맛이 당기다'처럼 '입맛이 돋우어지다' 또는 '좋아하는 마음이 일어나 저절로 끌리다'는 의미로 쓰여요.

'댕기다'는 '불이 옮아 붙게 하다'는 뜻으로 사용됩니다. "그의 마음에 불이 댕겼다", "담배에 불을 댕겼다"처럼 쓰이지요. 불을 붙이는 것에만 '댕기다'를 사용한다고 생각하면 쉽습니다.

⚠️ 잘못 쓰기 쉬우니 주의해야 해요

1. 봄이 되니 입맛이 **당긴다**.

2. 바싹 마른 나무가 불이 잘 **댕긴다**.

→ 1. 만물이 생동하는 봄에는 사람들의 입맛도 좋아진답니다. 즉 입맛이 돋우어지기 때문에 이것저것 먹고 싶은 것이 많아지지요. 이처럼 입맛이 좋아질 때는 '당기다'는 낱말을 활용해 '입맛이 당긴다'고 합니다.

2. 어린이 여러분도 불조심하라는 말을 많이 들어보셨지요. 특히 비가 내리지 않아서 건조한 때에는 불이 붙기 쉬우니 주의해야 합니다. 바싹 마른 나무는 불이 잘 붙지요. 이처럼 불이 잘 붙는다고 하려면 '댕기다'는 낱말을 사용해 '불이 잘 댕긴다'고 해야 합니다.

재미있고 멋있게 사용하기

1. 그 얘기를 듣고 호기심이 **당겼다**.
2. 어머니는 귀가 시간을 **당기라고** 말씀하셨다.
3. **당겨놓은** 화살을 놓을 수 없다. (속담)

1. 호기심이 일어났다는 뜻이지요.
2. 귀가 시간을 더 빠르게 하라고 말씀하셨다는 의미입니다.
3. 이미 만반의 준비를 갖추고 시작한 일을 도중에 그만두어서는 안 된다는 말이에요.

사전 살펴보기

당기다
① 좋아하는 마음이 일어나 저절로 끌리다. = 동하다
- 마음이 당기다.
② 입맛이 돋우어지다.
- 입맛이 당기는 계절
③ 정한 시간이나 기일을 앞으로 옮기거나 줄이다. = 앞당기다
↔ 미루다, 늦추다
- 6월로 잡았던 결혼 날짜를 5월로 당겼다.

댕기다
불이 옮아 붙다. 또는 그렇게 하다.
- 그의 마음에 불이 댕겼다.
- 바싹 마른 나무가 불이 잘 댕긴다.
- 담배에 불을 댕기다.
- 그의 초라한 모습이 내 호기심에 불을 댕겼다.

덕분 때문 탓

비 탓에 소풍을 못 갔다.

비 덕분에 농사가 잘됐다.

> 선배님 (탓 / 덕분 / 때문)에 맡은 일을 해낼 수 있었습니다.

'탓'은 주로 부정적인 현상이 생겨난 까닭이나 원인을 나타낼 때 쓰여요. 반면 좋은 일에는 '덕분(德分)'이 사용되지요. "걱정해주신 덕분에 잘 지냈습니다" 등과 같이 쓰입니다. 비슷한 말로 '때문'이 있어요. '때문'은 긍정이나 부정적 현상을 가리지 않고 쓰인다는 점에서 '탓', '덕분'과 구별됩니다.

⚠ 잘못 쓰기 쉬우니 주의해야 해요

1. 선배님 덕분에 맡은 일을 해낼 수 있었습니다.

2. 이번 일은 내가 잘못한 탓이다.

→ 1. 살다 보면 누군가가 나에게 좋은 영향을 미칠 수도 있고, 반대로 나쁜 영향을 줄 수도 있습니다. 좋은 영향을 미칠 때는 '덕분', 나쁜 영향을 줄 때는 '탓'이라는 낱말을 사용하면 됩니다. 선배님으로 인해 좋은 결과가 나왔다면 '선배님 덕분'이 되지요.

2. 일이 잘못되는 경우 남의 핑계를 대기도 하고 스스로에게 잘못을 돌리고 반성하기도 하지요. 이처럼 좋지 않은 일에는 '탓'을 씁니다. 남의 핑계를 댄다면 '남 탓'이 되고 자신의 잘못으로 돌리면 '내 탓'이 되지요.

재미있고 멋있게 사용하기

1. 이번 사고는 순전히 내 **탓이다**.

2. 내 **탓** 네 **탓** 수염 **탓**. (속담)

3. 안되면 조상 **탓만** 한다. (속담)

1. 자신의 잘못을 인정하고 반성하는 의미가 있어요.

2. 이것은 내 탓이고 저것은 네 탓이고 그것은 수염 탓이라고 하며 여기저기 핑계를 댄다는 말입니다. 자기의 잘못을 환경의 탓으로 돌림을 비유적으로 표현했어요.

3. 일이 제대로 되지 않으면 조상 원망을 한다는 속담이에요. = 잘되면 제 복 못되면 남 탓.

사전 살펴보기

덕분
베풀어준 은혜나 도움. = 덕, 덕택
- 덕분에 좋은 구경 했습니다.
- 제가 잘된 것은 모두 형님 덕분입니다.

탓
① 주로 부정적인 현상이 생겨난 까닭이나 원인.
- 남의 탓으로 돌리다.

② 구실이나 핑계로 삼아 원망하거나 나무라는 일.
- 날씨 탓만 하고 있다.

때문
어떤 일의 원인이나 까닭.
- 일이 많기 때문에 시간을 낼 수가 없다.
- 너 때문에 내가 얼마나 힘들었는지 아니?

둘러싸인 둘러쌓인

 운동장이 꽃밭에 (**둘러쌓여** / **둘러싸여**) 있다.

'둘러싸다'는 '둥글게 에워싸다'는 뜻을 나타내는 단어예요. "사람들이 주변을 둘러쌌다"처럼 쓰입니다. '둘러쌓다'는 "집 주위에 담을 높게 둘러쌓았다"처럼 둘레를 빙 둘러서 쌓는다는 뜻이지요.
여러 개의 물건을 겹겹이 포개어 얹어놓다는 의미의 '쌓다'와 어떤 물체의 주위를 가리거나 막다는 뜻의 '싸다'를 구분해 생각하면 좀 더 이해하기 쉬워집니다.

⚠ 잘못 쓰기 쉬우니 주의해야 해요

1. 운동장이 꽃밭에 **둘러싸여** 있다.

2. 화단을 벽돌로 **둘러쌓아** 만들었다.

→ 1. 학교 운동장이 온통 꽃밭으로 둥글게 에워싸져 있다면 얼마나 좋을까요? 시골 학교라면 몰라도 도시의 학교는 이러기가 쉽지 않습니다. 이처럼 둥글게 에워싸는 것을 가리키는 말은 '둘러싸다'입니다.

2. 화단 둘레에는 무엇인가를 놓아서 경계를 삼아야 합니다. 돌을 놓아도 되고 벽돌을 놓아도 되지요. 벽돌을 놓아서 만들었다면 '둘러쌓다'는 동사를 활용해 "벽돌로 둘러쌓아 만들었다"고 표현합니다.

재미있고 멋있게 사용하기

1. 경찰이 시위대를 **둘러쌌다**.
2. 사고의 책임을 **둘러싸고** 책임 공방이 벌어졌다.
3. 돌을 **쌓아** 방파제를 만들었다.

1. 경찰이 시위대 주위를 둥글게 에워쌌다는 뜻이에요.
2. 사고의 책임을 놓고 덜 책임지기 위해 서로 공격하고 방어하는 상황을 설명하고 있습니다.
3. 돌을 겹겹이 얹어 파도를 막는 제방을 만들었다는 의미지요.

사전 살펴보기

둘러쌓다
둘레를 빙 둘러서 쌓다.
- 집 주위에 담을 둘러쌓다.
- 화단을 벽돌로 둘러쌓아 만들었다.
- 농부는 밭 주변을 울타리로 둘러쌓았다.
- 그들은 이곳에 성곽을 둘러쌓았다.

둘러싸다
① 둘러서 감싸다.
- 포대기를 아기 몸에 둘러싸고 밖으로 나갔다.
② 둥글게 에워싸다. = 에워싸다
- 경찰이 시위대를 둘러쌌다.
③ 어떤 것을 행동이나 관심의 중심으로 삼다.
- 이 문제를 둘러싸고 의견이 분분하다.

떡볶기   떡볶이

연필깎이   연필 깎기

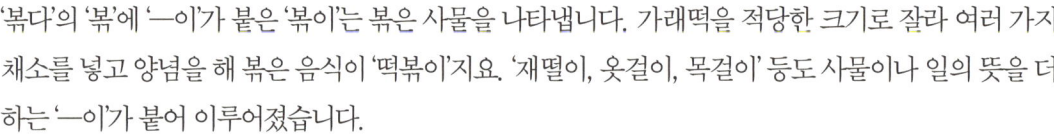

매콤한 (**떡볶기** / **떡볶이**)가 먹고 싶다.

'볶다'의 '볶'에 '—이'가 붙은 '볶이'는 볶은 사물을 나타냅니다. 가래떡을 적당한 크기로 잘라 여러 가지 채소를 넣고 양념을 해 볶은 음식이 '떡볶이'지요. '재떨이, 옷걸이, 목걸이' 등도 사물이나 일의 뜻을 더하는 '—이'가 붙어 이루어졌습니다.

잘 사용하지는 않지만 '떡볶기'는 떡을 볶는 행위를 가리켜요. '볶다'의 '볶'에 '—기'가 붙은 '볶기'는 볶는 행위를 나타내지요. '달리기, 사재기, 줄넘기' 등도 '떡볶기'와 마찬가지로 행위를 나타내는 '—기'가 붙어 이루어진 말이랍니다.

⚠ 잘못 쓰기 쉬우니 주의해야 해요

1. 매콤한 **떡볶이가** 먹고 싶다.

2. 요즘은 **떡볶이** 체인점도 생겨났다.

→ 1. 가끔은 매콤한 음식이 생각납니다. 그중에서도 어린이들이 많이 찾는 것이 떡볶이이지요. 요리를 해놓은 것은 '떡볶기'가 아니라 '떡볶이'입니다. '떡볶기'라고 하면 떡을 볶는 행위를 가리켜요.

2. 요즘은 떡볶이 체인점도 생겨났습니다. 체인점이란 동일한 메이커 제품을 취급하는 소매상점을 여러 곳에 두고 중앙에서 통제·경영하는 점포 조직을 가리키지요. '떡볶기 체인점'이 아니라 '떡볶이 체인점'이라고 해야 합니다.

재미있고 멋있게 사용하기

1. **연필깎이를** 꼭 넣고 다녀야 한다.
2. 손톱이 길면 **손톱깎이로** 잘라주어야 한다.
3. **연필 깎기는** 정말 귀찮아.

1. 연필을 깎는 도구를 꼭 지참하고 다녀야 한다는 말이에요.
2. 손톱이 자라면 손톱 깎는 기구로 잘라주어야 한다는 뜻입니다.
3. 연필을 깎는 일을 하기 싫다는 의미지요.

사전 살펴보기

이

① (몇몇 형용사, 동사 어간 뒤에 붙어) 명사를 만드는 접미사.
- 길이/높이/먹이/벌이

② (몇몇 명사와 동사 어간의 결합형 뒤에 붙어) '사람', '사물', '일'의 뜻을 더하고 명사를 만드는 접미사.
- 때밀이/젖먹이/재떨이/옷걸이/목걸이/가슴앓이

③ (몇몇 명사, 어근, 의성·의태어 뒤에 붙어) '사람' 또는 '사물'의 뜻을 더하고 명사를 만드는 접미사.
- 절름발이/애꾸눈이/멍청이/똑똑이/뚱뚱이/딸랑이

기

(일부 동사나 형용사 어간 뒤에 붙어) 명사를 만드는 접미사.
- 굵기/달리기/돌려짓기/모내기/사재기/줄넘기/크기

띠다 띅다

> 학급 토론은 열기를 (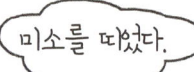 / 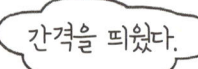) 시작했다.

'띠다'는 '노기를 띤 얼굴'과 같이 감정이나 기운 등을 나타내다는 뜻으로 쓰입니다. '붉은빛을 띤 장미'처럼 색깔이나 색채 등을 가지다는 의미로도 사용되지요.

'띄다'는 '뜨이다' 또는 '띄우다'의 준말입니다. '오자가 눈에 띈다', '귀가 번쩍 띄는 이야기' 등에서는 '뜨이다'의 준말로, '두 줄을 띄고 써라', '맞춤법에 맞게 띄어 써라' 등에서는 '띄우다'의 준말로 쓰인 것입니다. '뜨이다'나 '띄우다'로 바꿔보아 말이 되면 '띄다'로 쓰면 돼요.

⚠ 잘못 쓰기 쉬우니 주의해야 해요

1. 학급 토론은 열기를 띠기 시작했다.

2. 책상과 의자를 좀 더 띄워라.

→ 1. 요즘은 주입식 교육보다는 참여수업이 많아졌습니다. 학생들이 직접 참여해 토론을 하는 수업을 일컫지요. 토론을 하다보면 서서히 분위기가 달아올라 점점 열기를 나타내게 됩니다. 이처럼 열기가 뜨거워질 때 '띠다'는 낱말을 활용해 '열기를 띤다'고 합니다.

2. 책상과 의자의 공간이 비좁아 불편한 경우가 있습니다. 공간을 조금 더 확보하면 편하게 되지요. 이처럼 공간을 더욱 넓게 하거나 벌리다는 뜻으로 '띄우다'는 낱말을 씁니다.

재미있고 멋있게 사용하기

1. 얼굴에 미소를 **띠었다**.
2. 중대한 임무를 **띠었다**.
3. 청산에 매 **띄워놓기다**. [속담]

1. 얼굴에 미소를 보였다는 뜻이지요.
2. 아주 중요한 임무를 맡았다는 의미입니다.
3. 청산에 매를 풀어놓으면 도로 찾기가 어렵다는 뜻으로, 한번 떠나면 다시 돌아오기 어려움을 비유적으로 이르는 말이에요. 청산에 매를 풀어놓고 무엇이든 걸려들기를 기다린다는 뜻으로, 허황한 일을 하고 요행만 기다림을 비유적으로 이르기도 합니다.

사전 살펴보기

띠다
① 물건을 몸에 지니다. = 가지다
- 추천서를 띠고 회사를 찾아가라.
② 용무나 직책, 사명 따위를 지니다.
- 중대한 임무를 띠다.
③ 빛깔이나 색채 따위를 가지다.
- 붉은빛을 띤 장미
④ 감정이나 기운 따위를 나타내다.
- 노기를 띤 얼굴

띄다
① '뜨이다'의 준말.
- 원고에 가끔 오자가 눈에 띈다.
- 빨간 지붕이 눈에 띄는 집
② '띄우다'의 준말.
- 두 줄을 띄고 써라.
- 다음 문장을 맞춤법에 맞게 띄어 쓰시오.

맞추다 맞히다

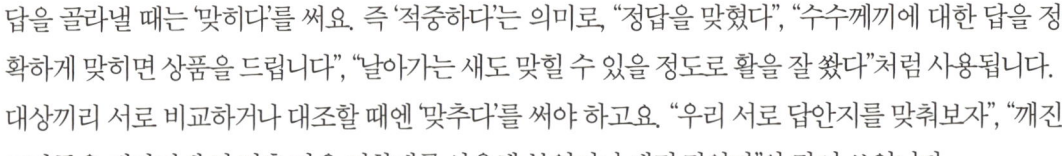
나는 답을 두 개밖에 (맞추지 / 맞히지) 못했다.

답을 골라낼 때는 '맞히다'를 써요. 즉 '적중하다'는 의미로, "정답을 맞혔다", "수수께끼에 대한 답을 정확하게 맞히면 상품을 드립니다", "날아가는 새도 맞힐 수 있을 정도로 활을 잘 쐈다"처럼 사용됩니다. 대상끼리 서로 비교하거나 대조할 때엔 '맞추다'를 써야 하고요. "우리 서로 답안지를 맞춰보자", "깨진 조각들을 제자리에 잘 맞춘 다음 접착제를 사용해 붙였더니 새것 같았다"와 같이 쓰입니다.

⚠ 잘못 쓰기 쉬우니 주의해야 해요

1. 나는 답을 두 개밖에 **맞히지** 못했다.
2. 답을 **알아맞혀보아라**.

→ 1. 주어진 문제에 대한 답을 골라낼 때 '맞추다'를 쓰기 쉽지만 이 경우에는 '맞히다'가 바른말입니다. 문제나 정답과 관련한 것에는 '맞히다'를 쓴다고 알아두면 되지요.

2. '알아맞추다'는 표현도 종종 볼 수 있으나 이 역시 '알아맞히다'가 바른말이에요. '알아맞히다'는 '맞히다'와 같은 뜻이고요. '알아맞추다'는 단어는 없습니다.

1. 선거 결과를 비슷하게나마 **맞혔다**.
2. 선불을 **맞히면** 도리어 범을 놀래운다. 〔속담〕
3. 꼴 보고 이름 짓고 체수 **맞춰** 옷 마른다. 〔속담〕

1. 선거 결과를 비슷하게 적중시켰다는 뜻이지요.
2. 정통으로 맞히지 못하고 서투르게 맞히면 잡지도 못할 뿐만 아니라 놀란 범이 날뛰어서 해를 입게 된다는 뜻으로, 가만히 있는 것을 섣불리 건드려서 도리어 마구 날뛰게 만듦을 비유적으로 이르는 말입니다.
3. 무슨 일이나 분수를 알아서 격에 맞게 해야 함을 비유적으로 이르는 말이지요. = 꼴 보고 이름 짓는다.

맞히다('맞다'의 사동사)
① 자연 현상에 따라 내리는 눈, 비 따위의 닿음을 받다.
 • 화분에 눈을 맞히지 말고 안으로 들여놓아라.
② 어떤 좋지 아니한 일을 당하다.
 • 그렇게 착한 여자에게 바람을 맞히다니 용서할 수 없다.
③ 문제에 대한 답이 틀리지 아니하다.
 • 수수께끼에 대한 답을 정확하게 맞히면 상품을 드립니다.
④ 침, 주사 따위로 치료를 받다.
 • 꼬마들에게는 주사를 맞히기가 힘들다.

맞추다
① 서로 떨어져 있는 부분을 제자리에 맞게 대어 붙이다.
 • 문짝을 문틀에 맞추다.
② 둘 이상의 일정한 대상들을 나란히 놓고 비교하여 살피다.
 • 나는 가장 친한 친구와 답을 맞추어보았다.
③ 어떤 기준이나 정도에 어긋나지 아니하게 하다.
 • 시간에 맞추어 전화를 하다.
④ 어떤 기준에 틀리거나 어긋남이 없이 조정하다.
 • 시곗바늘을 5시에 맞추다.

바라다 　 바래다

> 엄마는 내가 커서 의사가 되기를 (바라고 / 바래고) 있다.

'바라다'는 생각이나 바람대로 어떤 일이나 상태가 이루어지거나 그렇게 되었으면 하고 생각하다를 뜻해요. "요행만 바란다", "도움을 바란다", "성공을 바란다" 등처럼 사용됩니다.

'바래다'는 볕이나 습기를 받아 색이 변하다는 의미예요. "색이 바랬다", "종이가 누렇게 바랬다", "오래 입은 셔츠가 흐릿하게 색이 바랬다" 등과 같이 쓰인답니다.

⚠ 잘못 쓰기 쉬우니 주의해야 해요

1. 엄마는 내가 커서 의사가 되기를 **바라고** 있다.

2. 우리 팀의 패배로 빛이 **바랬다**.

→ 1. 부모님은 자녀에게 자신이 원하는 대로 되기를 바라는 마음이 강하답니다. 부모님 중에는 자녀가 의사가 되기를 바라는 분도 있겠지요. 이처럼 희망을 나타낼 때는 '바래다'가 아니라 '바라다'입니다.

2. 우리 팀이 경기에서 진다면 기분이 좋지 않겠지요. 중요한 경기라면 지금까지 이룩한 명성이 빛을 잃을 수도 있습니다. 이런 경우 '바래다'는 단어가 쓰입니다. 빛의 색깔이 변했다는 뜻이지요. 따라서 '빛이 바랐다'가 아니라 '빛이 바랬다'가 됩니다.

재미있고 멋있게 사용하기

1. 개 그림 떡 **바라듯**. (속담)
2. 공것 **바라면** 이마(대머리)가 벗어진다. (속담)
3. 남산골샌님이 역적 **바라듯**. (속담)

1. 개가 그림의 떡을 아무리 바라보고 있어야 헛일이라는 뜻으로, 행여나 하는 기대를 가지고 지켜보고 있으나 헛일임을 이르는 말이에요.
2. 공짜를 좋아하는 사람을 놀림조로 이르는 말입니다. 이마가 벗어진 사람을 놀림조로 이르는 말로도 사용되고요.
3. 가난한 사람이 엉뚱한 일, 즉 의외의 수를 바람을 비유적으로 표현한 말입니다.

사전 살펴보기

바라다
① 생각이나 바람대로 어떤 일이나 상태가 이루어지거나 그렇게 되었으면 하고 생각하다. = 기원하다, 소원하다
· 시험에 합격하기를 바란다.
② 원하는 사물을 얻거나 가졌으면 하고 생각하다.
· 돈을 바라고 너를 도운 게 아니다.
③ 어떤 것을 향하여 보다. = 생각하다
· 우리는 죽을힘을 다해서 인왕산을 바라고 뛰었다.

바래다
① 볕이나 습기를 받아 색이 변하다. = 변하다
· 색이 바래다.
· 종이가 누렇게 바래다.
· 오래 입은 셔츠가 흐릿하게 색이 바랬다.
② 볕에 쬐거나 약물을 써서 빛깔을 희게 하다.
· 속옷을 볕에 바래다.
· 보통 때 입으라고 광목을 바래서 해놨다.

번번이   번번히

> **맞춤법을 (번번히 / 번번이) 틀린다.**

발음이 비슷해 헷갈리는 말 가운데 대표적인 것이 '번번이'와 '번번히'입니다. '매번', 즉 각각의 차례를 의미하는 단어는 '번번이'이지요. "번번이 실패했다", "번번이 마주쳤다"처럼 쓰입니다. '번번히'는 '생김새가 미끈하게', '구김살이나 울퉁불퉁한 데가 없이 편편하고 번듯하게'란 뜻으로 사용됩니다. "얼굴이 번번히 생겼다", "논 전체를 번번히 골랐다"가 이런 예이지요. 이와 비슷한 단어로 '빈번히'가 있습니다. '빈번히 쓰이는 물건'처럼 번거로울 정도로 자주를 뜻하는 말이에요.

⚠️ 잘못 쓰기 쉬우니 주의해야 해요

1. 맞춤법을 **번번이** 틀린다.

2. **번번히** 생긴 얼굴 때문에 인기가 좋다.

→ 1. 맞춤법에 어긋나는 것이 많으면 좋지 않은 인상을 줄 뿐 아니라 그 사람의 지적 수준이 의심받을 수도 있습니다. 따라서 맞춤법을 자주 틀려서는 곤란합니다. 이럴 때 '번번이 틀린다'는 말을 쓰지요. '번번히'가 아니므로 주의해야 합니다.

2. 얼굴이 미끈하면 참 좋겠지요. 이럴 때 쓸 수 있는 말이 '번번히 생긴 얼굴'입니다. '번번히'는 '번번하다'에서 온 부사어이지요. '번번하다'의 형용사형인 '번번한'을 사용해도 됩니다. "번번한 외모로 시선을 끌었다"처럼 쓸 수 있답니다.

재미있고 멋있게 사용하기

1. 약속을 **번번이** 어긴다.

2. **번번한** 자리에 있다고 거만하기 이를 데 없다.

3. 선생님과 대화를 **빈번히** 했다

1. 약속을 할 때마다 매번 지키지 않는다는 뜻이에요.
2. 제법 높은 자리에 있다고 잘난 체하며 남을 업신여긴다는 의미입니다.
3. 선생님과 대화를 자주 했다는 말이에요.

사전 살펴보기

번번이
매 때마다. = 매번, 매양
- 약속을 번번이 어기다./시험에 번번이 낙방하다./좋은 기회를 번번이 놓치다.

번번히
① 구김살이나 울퉁불퉁한 데가 없이 펀펀하고 번듯하게.
- 농지 정리를 하여 논 전체를 번번히 골랐다.

② 생김새가 음전하고 미끈하게.
③ 물건 따위가 멀끔하여 보기도 괜찮고 제법 쓸 만하게.
④ 지체가 제법 높게.

빈번히
번거로울 정도로 도수(度數)가 잦게.
- 빈번히 사용되는 용어/대화를 빈번히 하다./행사를 빈번히 치르다.

부치다 붙이다

> 편지를 (붙이려고 / **부치려고**) 우체국에 갔다.

'부치다'는 편지나 물건 등을 일정한 수단이나 방법을 써서 상대에게로 보내다는 의미를 가지고 있습니다. 어떤 문제를 다른 곳이나 다른 기회로 넘기어 맡기다는 뜻으로도 쓰이지요.
'붙이다'는 맞닿아 떨어지지 않게 하거나 몸의 일부분을 어느 곳에 댈 때 사용됩니다.

⚠ 잘못 쓰기 쉬우니 주의해야 해요

1. 편지를 **부치려고** 우체국에 갔다.

2. 안건을 회의에 **부쳤다**.

→ 1. 요즘은 대부분 전화 또는 카톡이나 문자로 안부나 소식을 전하지만 예전에는 편지를 보내는 일이 많았습니다. 편지를 보내려면 우체국에 가야 하지요. 이처럼 편지를 보내는 일은 '부치다'는 단어를 사용합니다.

2. 학교에서도 학생들끼리 회의를 하는 일이 있지요. 회의를 하려면 어떤 것을 논의할지 안건을 올려야 합니다. 이렇게 안건을 올리는 일도 '부치다'는 단어를 씁니다.

재미있고 멋있게 사용하기

1. 봉투에 우표를 **붙였다**.

2. 성냥불로 초 끝에 불을 **붙였다**.

3. 아들에게 학비와 용돈을 **부쳤다**.

1. 우표가 떨어지지 않도록 봉투에 달라붙게 했다는 뜻이에요.

2. 성냥불로 초 끝에 불이 붙게 했다는 말입니다.

3. 아들에게 학비와 용돈을 보냈다는 의미예요.

사전 살펴보기

붙이다
① ('붙다'의 사동사) 맞닿아 떨어지지 아니하다. = 부착하다
- 메모지를 벽에 덕지덕지 붙이다.

② 주가 되는 것에 달리거나 딸리다. = 달다
- 본문에 주석을 붙이다.
- 순우리말 이름을 수출 상품에 붙이다.

③ 신체의 일부분을 어느 곳에 대다.
- 따뜻한 방바닥에 등을 붙이고 누웠다.

부치다
① 편지나 물건 따위를 일정한 수단이나 방법을 써서 상대에게로 보내다. = 발송하다, 보내다
- 편지를 부치다.
- 부모님에게 용돈을 부쳐 드리다.

② 어떤 문제를 다른 곳이나 다른 기회로 넘기어 맡기다.
- 안건을 회의에 부치다.

③ 원고를 인쇄에 넘기다.
- 접수된 원고를 편집하여 인쇄에 부쳤다.

빌다　빌리다

소원을 빌었다.

친구에게서 책을 빌렸다.

> 이 자리를 (빌어 / 빌려) 감사 인사를 드립니다.

'빌리다'는 어떤 일을 하기 위해 기회를 이용하다는 뜻으로 쓰입니다. "성인의 말씀을 빌려 설교했다" 처럼 사용되지요. 또 남의 물건이나 돈 따위를 나중에 도로 돌려주거나 대가를 갚기로 하고 얼마 동안 쓰다는 의미로도 사용됩니다. "은행에서 돈을 빌렸다", "친구한테서 책을 빌렸다" 등처럼요.

'빌다'는 바라는 바를 이루게 해달라고 신이나 사람, 사물 등에 간청할 때 쓰입니다. "소녀는 하늘에 소원을 빌었다"처럼 사용해요. '빌다'는 잘못을 용서해달라고 호소하다는 뜻으로도 쓰입니다. "아이는 엄마에게 다시는 그런 짓을 안 하겠다고 빌었다" 등과 같이 사용되지요.

⚠ 잘못 쓰기 쉬우니 주의해야 해요

1. 이 자리를 **빌려** 감사 인사를 드립니다.

2. 어제 도서관에서 책을 **빌려왔다**.

→ 1. 고마운 일에 대해서는 감사 인사를 하는 것을 잊으면 안 됩니다. 어떤 자리에서 감사 인사를 하게 될 때는 '빌리다'는 단어를 사용해 '이 자리를 빌려'라고 하면 됩니다.

2. 필요한 책이 있을 경우 도서관에서 대출해오면 좋습니다. 일일이 책을 살 수는 없지요. 이럴 때는 '빌리다'는 단어를 써서 "책을 빌려왔다"고 하면 됩니다.

재미있고 멋있게 사용하기

1. **빌려온** 고양이같이. 〔속담〕
2. 봉당을 **빌려주니** 안방까지 달란다. 〔속담〕
3. **빌어먹어도** 손발이 맞아야 한다. 〔속담〕

1. 여러 사람이 모여 떠드는 데서 사람들과 어울리지 아니한 채 혼자 덤덤히 있는 경우를 이르는 말이에요.
2. 매우 염치없음을 비유적으로 이르는 말입니다.
3. 남에게 얻어먹는 일조차 손발이 서로 맞아야 쉽게 할 수 있다는 뜻으로, 무슨 일이나 다 의견이 맞고 조건이 맞아야 함을 비유적으로 표현했어요.

사전 살펴보기

빌리다
① 남의 물건이나 돈 따위를 나중에 도로 돌려주거나 대가를 갚기로 하고 얼마 동안 쓰다. = 꾸다, 임대하다, 대여하다
• 은행에서 돈을 빌리다.
② 남의 도움을 받거나 사람이나 물건 따위를 믿고 기대다. = 의지하다
• 남의 손을 빌려 일을 처리할 생각은 하지 말아야 한다.
③ 일정한 형식이나 이론, 또는 남의 말이나 글 따위를 취하여 따르다.
• 그는 수필이라는 형식을 빌려 자기의 속 이야기를 풀어갔다.
④ 어떤 일을 하기 위해 기회를 이용하다
• 이 자리를 빌려 감사의 말씀을 드립니다.

빌다
① 바라는 바를 이루게 하여 달라고 신이나 사람, 사물 따위에 간청하다. = 기원하다, 기도하다
• 대보름날 달님에게 소원을 빌면 그 소원이 이루어진다고 한다.
② 잘못을 용서하여달라고 호소하다. = 사정하다, 사과하다, 애원하다
• 학생은 무릎을 꿇고 선생님께 용서를 빌었다.
• 그는 여자 친구에게 자기를 용서해주기를 빌었다.

안 / 않

" **아침을 (안 먹고 / 않 먹고) 등교하는 학생이 많다.** "

가장 헷갈리는 말 가운데 하나가 '안'과 '않'이에요. '않다'는 '아니하다'의 준말이고 '안'은 부사 '아니'의 준말이라는 사실을 알면 '않'과 '안'을 바르게 사용하는 데 도움이 됩니다.

'안'은 "안 가도 되나요?"처럼 쓰입니다. '안 가도'는 '아니 가도'의 준말이에요.

'않'은 "밥을 먹지 않는다" "키가 별로 크지 않다" 등과 같이 '―지 않다' 형태로 쓰이지요. '먹지 아니한다' '크지 아니하다'처럼 '않다'를 '아니하다'로 바꾸어도 말이 됩니다.

'안 먹는다', '안 간다'처럼 동사나 형용사 앞에서 부사어로 쓰일 때는 '안'이고, '가지 않는다', '먹지 않는다'와 같이 '―지 않다' 형태로 쓰일 때는 '않'이라고 생각하면 쉽답니다.

⚠ 잘못 쓰기 쉬우니 주의해야 해요

1. 아침을 안 먹고 등교하는 학생이 많다.

2. 학원에 가지 않고 방과 후 활동을 하는 학생이 적지 않다.

→ 1. 아침을 먹지 않고 학교에 가면 집중이 잘 되지 않는다고 합니다. 반드시 밥을 먹고 가는 것이 좋습니다. 하지만 실제로는 밥을 먹지 않고 등교하는 학생도 많지요. 이럴 때 '아침을 안 먹고'라고 합니다. '아니 먹고'가 줄어서 '안 먹고'가 됩니다.

2. 요즘은 학교에서 하는 방과 후 활동이 학생들에게 많은 도움이 됩니다. 굳이 학원에 갈 필요가 없는 경우도 많지요. 이럴 때 '학원에 가지 않고'라고 합니다. '가지 않고'는 '―지 않다' 형태가 활용된 것입니다. '적지 않다'도 마찬가지이고요.

재미있고 멋있게 사용하기

1. **안** 먹고 사는 장사가 없다. 〔속담〕
2. 강물이 흘러도 돌은 굴지 **않는다**.
3. 게도 제 구멍이 아니면 들어가지 **않는다**.

1. 누구나 먹어야 힘을 쓰고 일을 할 수 있음을 비유적으로 이르는 말이에요.
2. 강물이 아무리 흘러도 돌을 움직여 굴리지는 못한다는 뜻으로, 세태에 흔들리지 아니하고 지조 있게 꿋꿋이 행동함을 비유적으로 이르는 표현입니다.
3. 남의 영역을 함부로 침범하지 않는다는 말이에요.

사전 살펴보기

안
'아니'의 준말.
- 안 벌고 안 쓰다.
- 안 춥다.
- 비가 안 온다.
- 이제 다시는 그 사람을 안 만나겠다.
- 안 주어서 못 받지 손 작아서 못 받으랴.

않다
① 어떤 행동을 안 하다.
- 그는 말을 않고 떠났다.
② 앞말이 뜻하는 행동을 부정하는 뜻을 나타내는 말.
- 가지 않다.
- 먹지 않다.
③ 앞말이 뜻하는 상태를 부정하는 뜻을 나타내는 말.
- 예쁘지 않다.
- 옳지 않다.

왠 웬

> ### 네가 (웬 일 / 왠일)이냐?

'웬'은 '어찌 된, 어떠한' 등의 뜻으로 쓰이는 관형사입니다. "웬 영문인지 모르겠다", "웬 걱정이 그리 많아?" 등처럼 사용되지요. 관형사(명사 등을 꾸며주는 말)이므로 '웬 일'과 같이 띄어 써야 합니다. 이와 비슷해서 헷갈리기 쉬운 말로 '왠지'가 있습니다. '왠지'는 '왜인지'가 줄어든 말이므로 '왠지'로 쓰지요. '웬지'로 표기하지 않도록 주의해야 합니다.

⚠️ 잘못 쓰기 쉬우니 주의해야 해요

1. 네가 웬 일이냐?

2. 오늘은 왠지 라면이 당긴다.

→ 1. 내가 예상하지 못했던 일을 상대가 할 때 "네가 어찌 된 일이냐"는 의미로 "네가 웬 일이냐"고 하면 됩니다. 이때의 '웬'은 관형사이므로 띄어 써야 합니다.

　2. '웬 일'과 헷갈리는 말이 바로 '왠지'입니다. '웬지'라 쓰는 사람이 많지요. 하지만 '왠지'는 '왜인지'의 준말이므로 '웬지'가 아니라 '왠지'가 됩니다.

재미있고 멋있게 사용하기

1. **웬** 떡이냐.
2. **웬** 까닭인지 몰라 어리둥절하다.
3. **웬** 불똥이 튀어 박혔나. 〔속담〕

1. 뜻밖의 행운이나 횡재를 만났을 때 자주 사용되는 말이지요.
2. 어찌 된 까닭인지 몰라 얼떨떨하다는 뜻입니다.
3. 어떤 좋지 못한 일을 당했기에 얼굴에 불똥이 튀어 박힌 때처럼 그토록 찡그린 얼굴을 하고 있느냐는 의미예요.

사전 살펴보기

웬

① 어찌 된.
- 웬 영문인지 모르다.
- 웬 걱정이 그리 많아?

② 어떠한.
- 골목에서 웬 사내와 마주쳤다.
- 웬 놈이야, 떠드는 놈이?

왠지

왜 그런지 모르게. 또는 뚜렷한 이유도 없이.
- 그 이야기를 듣자 왠지 불길한 예감이 들었다.
- 아내는 왠지 달갑지 않은 표정이다.
- 매일 만나는 사람인데 오늘따라 왠지 멋있어 보인다.
- 왠지 모르게 불안합니다.

조정 조종

시내버스 노선이 조정됐다.

모형헬기를 조종했다.

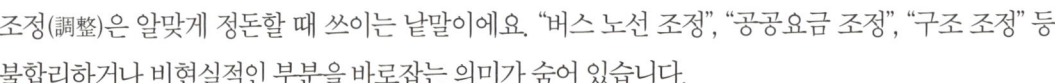

등교시간을 8시로 (조정했다 / 조종했다).

조정(調整)은 알맞게 정돈할 때 쓰이는 낱말이에요. "버스 노선 조정", "공공요금 조정", "구조 조정" 등 불합리하거나 비현실적인 부분을 바로잡는 의미가 숨어 있습니다.

조종(操縱)은 비행기·자동차 등 기계를 부리거나 사람·돈 등을 자기 마음대로 다루어 움직일 때 쓰이지요. "비행기 조종", "원격조종", "자동 조종" 등은 기계를 다루는 경우입니다. "배후 조종", "시세 조종"처럼 사람 또는 돈, 가격을 결과적으로 자기 뜻대로 움직이는 경우에도 사용돼요.

⚠ 잘못 쓰기 쉬우니 주의해야 해요

1. 등교시간을 8시로 조정했다.

2. 비행기는 자동으로 조종된다.

→ 1. 학년에 따라서는 조금 더 일찍 등교하는 학생도 있습니다. 등교 시간이 바뀌었다면 '조정'이라는 단어를 사용합니다. '조정'에는 알맞게 바꾸다는 뜻이 있습니다. 따라서 "등교 시간을 조정했다"가 됩니다.

2. 비행기는 최첨단 장비나 컴퓨터 장치에 의해 자동으로 움직이는 경우가 많습니다. 이처럼 비행기를 운전하는 것은 '조종'이라고 하지요. 즉 기계를 다루는 것은 '조종'이란 단어가 쓰입니다.

재미있고 멋있게 사용하기

1. 계획이 전면 **조정됐다**.

2. 첨단무기는 컴퓨터로 **조종된다**.

3. 이 일을 배후 **조종한** 사람이 누구인지 밝혀야 한다.

1. 계획이 전체적으로 다시 세워졌다는 의미예요.

2. 컴퓨터가 첨단무기를 다루고 부린다는 뜻입니다.

3. 뒤에서 일을 꾸민 사람이 누구인지 밝혀내야 한다는 말이에요.

사전 살펴보기

조정(調整)
어떤 기준이나 실정에 맞게 정돈함. = 조절
- 선거구 조정
- 공공요금의 조정
- 시내버스 노선의 조정
- 회사의 구조 조정으로 많은 부서가 재편되었다.

조종(操縱)
① 비행기나 선박, 자동차 따위의 기계를 다루어 부림.
- 비행기 조종
- 조종 방법을 배우다.
② 다른 사람을 자기 마음대로 다루어 부림.
- 배후 조종
- 제가 누구의 조종이나 받는 꼭두각시인 줄 아십니까?

한참 한창

> 지금은 (한참 / 한창) 차가 붐빌 시간이니 새벽에 출발하는 게 좋겠어!

'한창'은 어떤 일이 가장 활기 있고 왕성하게 일어나는 때 또는 어떤 상태가 가장 무르익은 때를 가리키는 말입니다. "한창 연애 중이다"처럼 쓰이지요.
'한참'은 '한참 뒤', '한참 동안'과 같이 시간이 상당히 지나는 동안을 나타내는 낱말이고요. '상당히'에 가까운 뜻일 때는 '한참'을 사용하면 됩니다.

⚠ 잘못 쓰기 쉬우니 주의해야 해요

1. 지금은 **한창** 차가 붐빌 시간이니 새벽에 출발하는 게 좋겠어!
2. 담장을 따라 **한참을** 걸어가니 기와집이 나왔다.

→ 1. 출퇴근 시간에는 도로에 차가 넘칩니다. 휴일에 고속도로도 마찬가지지요. 따라서 이렇게 붐비는 시간을 피해 출발하는 것이 좋습니다. 지금 차가 가장 붐빈다면 "지금 차가 한창 붐빈다"고 하면 되지요. '한창'은 가장 왕성한 시간을 가리킵니다.

2. 꽤 오랜 시간을 걸어갔다면 '한참'이라는 단어를 사용해 "한참을 걸었다"고 하면 돼요. '한참'은 시간이 꽤 지나는 동안을 의미합니다.

1. 줄을 서서 **한참** 동안 기다렸다.
2. 아파트 공사가 **한창이다**.
3. 처녀 **한창때는** 말똥 굴러가는 것 보고도 웃는다. (속담)

1. 시간이 상당히 지나는 동안 기다렸다는 뜻이에요.
2. 공사가 왕성하게 진행되고 있음을 뜻하는 말입니다.
3. 여자애들은 매우 잘 웃는다는 것을 뜻하는 말이에요. = 처녀들은 말 방귀만 뀌어도 웃는다.

한참
① 시간이 상당히 지나는 동안. = 한동안
• 담장을 따라 한참을 걸어가니 기와집이 나왔다.
② 어떤 일이 상당히 오래 일어나는 모양.
• 한참 난투극이 벌어졌다.
③ 수효나 분량, 정도 따위가 일정한 기준보다 훨씬 넘게.
• 붉은 노을빛이 아직 한참 남아 있어 간신히 글은 보일 정도였다.

한창
① 어떤 일이 가장 활기 있고 왕성하게 일어나는 때.
• 요즘 앞산에는 진달래가 한창이다.
② 어떤 일이 가장 활기 있고 왕성하게 일어나는 모양. 또는 어떤 상태가 가장 무르익은 모양. = 바야흐로
• 벼가 한창 무성하게 자란다.

> 못다 한 이야기 1

지나친 **줄임말**을 **삼가**세요

요즘 문자메시지를 보내는 일이 많습니다. 그러다 보니 "니가 그랬단 말이야", "그게 문젠데" 등처럼 말을 할 때 쓰이는 표현, 즉 구어체 표현을 마구 사용하는 경향이 있지요. "어쩜", "넘 좋아" 등처럼 지나친 줄임말을 쓰는 경우도 많고요. 이런 문자를 보내는 사람 대부분이 문제를 인식하지 못하고 글을 쓸 때도 이러한 표현을 그대로 사용하는 예가 적지 않습니다.

말을 하거나 문자를 보낼 때는 어느 정도 이런 것들이 허용되지만 공식적인 글을 쓸 때는 피해야 한답니다. 말과 달리 글에서 쓰는 단어나 표현은 완전해야 합니다. 전적으로 틀렸다고 할 수 없는 것도 있기는 하지만 말하는 것과 똑같은 표현은 글로서 가치를 지니기 어렵지요. 따라서 글을 쓸 때는 가능하면 구어체적 표현이나 지나친 줄임말이 나오지 않도록 주의해야 합니다.

시간은 우리를 기다려주지 않는다

1. **넘 좋아 → 너무 좋아**
   - 예) 내가 **넘** 좋아하는 얼굴이다.
   - → 내가 **너무** 좋아하는 얼굴이다.
   - → 내가 **정말** 좋아하는 얼굴이다.

2. **어케 하란 말이야 → 어떻게 하란 말이야**
   - 예) 그냥 가버리면 도대체 **어케 하란 말이야**.
   - → 그냥 가버리면 도대체 **어떻게 하란 말이야**.

3. **우릴, 어쩜, 보담은 → 우리를, 어쩌면, 보다는**
   - 예) 시간은 **우릴** 기다려주지 않는다.
   - → 시간은 **우리를** 기다려주지 않는다.
   - 예) **어쩜** 그리 답답할 수가 있을까.
   - → **어쩌면** 그리 답답할 수가 있을까.
   - 예) **모순적이라기보담은** 상호 보완적이다.
   - → **모순적이라기보다는** 상호 보완적이다.

4. **일로, 글로 → 이리로, 그리로**

    예 일로 가면 학교가 나올 것이다 → 이리로 가면 학교가 나올 것이다
    예 서울역으로 가려면 글로 가시오. → 서울역으로 가려면 그리로 가시오.

5. **관두고, 놔두면 → 고만두고, 놓아두면**

    예 직장을 관두고 여행을 떠났다. → 직장을 고만두고 여행을 떠났다.
    예 상처를 그대로 놔두면 빨리 낫지 않는다. → 상처를 그대로 놓아두면 빨리 낫지 않는다.

6. **니 → 네**

    예 니가 행복하다면 나도 행복해. → 네가 행복하다면 나도 행복해.
    예 니도 나이 들면 별수 없단다. → 너도 나이 들면 별수 없단다.

7. **자린데, 문젠데 → 자리인데, 문제인데**

    예 중요한 자린데 전문가를 뽑아야 하지 않겠느냐. → 중요한 자리인데 전문가를 뽑아야 하지 않겠느냐.
    예 안전과 관련한 문젠데 아직 해결되지 않고 있다. → 안전과 관련한 문제인데 아직 해결되지 않고 있다.

8. **거다, 겁니다 → 것이다, 것입니다**

    예 무엇보다 노력을 많이 해야 한다는 거다. → 무엇보다 노력을 많이 해야 한다는 것이다.
    예 후회가 없도록 최선을 다해야 할 겁니다. → 후회가 없도록 최선을 다해야 할 것입니다.

9. **걸, 건지 → 것을, 것인지**

    예 기우였다는 걸 알게 됐다. → 기우였다는 것을 알게 됐다
    예 개인적으로 할 건지, 공동으로 할 건지 결정해야 한다. → 개인적으로 할 것인지, 공동으로 할 것인지 결정해야 한다.

10. **내놨다, 털어놨다 → 내놓았다, 털어놓았다**

    예 새로운 제품을 시장에 내놨다. → 새로운 제품을 시장에 내놓았다.
    예 황당한 소문에 대한 진솔한 얘기를 털어놨다. → 황당한 소문에 대한 진솔한 얘기를 털어놓았다.

11. **커핍니다, 나뭅니다, 과젭니다 → 커피입니다, 나무입니다, 과제입니다**

    예 새로 출시된 커핍니다. → 새로 출시된 커피입니다.
    예 꽃이 아름답게 피는 나뭅니다. → 꽃이 아름답게 피는 나무입니다.
    예 이게 마지막 과젭니다. → 이게 마지막 과제입니다.

2부

헷갈리는 띄어쓰기 정복하기

띄어쓰기를 하는 이유는 무엇일까요? 단어들로 엮어진 문장 속에서 잠깐 멈추는 시간을 줌으로써 읽기 쉽게 하고, 의미의 단락을 구분함으로써 뜻을 명확하게 하기 위함입니다. "아버지가 방에 들어가신다"의 띄어쓰기를 잘못 하면 "아버지 가방에 들어가신다"가 되는 것처럼 말이지요. 2부에서는 뜻에 따라 그때그때 띄어쓰기를 달리 해야 하는 단어들을 살펴볼게요.

예상했던 대로 시험문제가 까다로웠다.

노력한 만큼 대가를 얻게 마련이다.

얼마 만인가!

그가 사는 데는 여기서 한참 멀다.

장사가 안된다.

간(間)

고속철을 타면 서울과 부산 간에 2시간 40분이 걸린다.

> 부모와 (자식간에도 / 자식 간에도) 예의를 지켜야 한다.

 "서울과 부산 간"처럼 한 대상에서 다른 대상까지의 사이나 관계를 나타낼 때는 '간'이 의존명사로 띄어 써야 해요.

 그러나 '간'이 기간을 나타내는 일부 명사 뒤에서 '동안'의 뜻을 나타낼 때는 접미사로 붙여 써야 합니다. "초등학교 6년간", "두 달간"처럼요.

⚠ 잘못 쓰기 쉬우니 주의해야 해요

1. 부모와 자식 간에도 예의를 지켜야 한다.

2. 사흘간 가족 여행을 다녀왔다.

→ 1. '부모와 자식 간에도'처럼 '간'이 한 대상에서 다른 대상까지의 사이나 관계를 나타낼 때는 의존명사로 띄어 써야 합니다.

  2. '사흘간', '한 달간', '1년간'과 같이 '간'이 '동안'의 뜻을 나타낼 때는 접미사로 붙여 써야 합니다.

1. 무엇을 **하든지 간에** 열심히 해라
2. 부모와 **자식 간에도** 일이 사랑이다. [속담]
3. **부자간에도** 돈을 헤아려 주고받는다. [속담]

1. 어떤 일이든 항상 열심히 해야 함을 뜻해요.
2. 아무리 귀한 자식일지라도 일을 잘해야 곱게 보인다는 뜻으로, 일을 잘해야 사랑을 받는다는 것을 강조한 말입니다.
3. 돈거래를 할 때에는 정확히 해야 함을 비유적으로 이르는 말이에요. '부자간'은 예외적으로 한 단어로 취급하므로 붙여 써야 합니다.

간
① 한 대상에서 다른 대상까지의 사이.
• 서울과 부산 간 야간열차
② '관계'의 뜻을 나타내는 말.
• 부모와 자식 간에도 예의를 지켜야 한다.
③ 앞에 나열된 말 가운데 어느 쪽인지를 가리지 않는다는 뜻을 나타내는 말.
• 공부를 하든지 운동을 하든지 간에 열심히만 해라.

④ '동안'의 뜻을 더하는 접미사.
• 이틀간/한 달간/삼십 일간
⑤ '장소'의 뜻을 더하는 접미사.
• 대장간/외양간

걸

내가 잘못했다고 먼저 (사과할걸 / 사과할 걸).

"먼저 갈 것을 그랬다"처럼 '걸'이 '것을'의 준말인 경우에는 띄어 씁니다. 그러나 "그 사람은 안 올걸"과 같이 추측이나 미련을 나타낼 때는 '―걸'을 붙여 씁니다.

⚠ 잘못 쓰기 쉬우니 주의해야 해요

1. 내가 잘못했다고 먼저 사과할걸.

2. 미리 먹어둘 걸 그랬나 보구나.

→ 1. '사과할걸'처럼 '걸'이 추측이나 미련을 나타낼 때는 붙여 써야 해요.

 2. '먹어 둘 걸'과 같이 '걸'이 '것을'의 준말일 경우에는 띄어 씁니다.

재미있고 멋있게 사용하기

1. 아직 **멀쩡한 걸** 왜 버리느냐?

2. 숙제를 미리 **해놓을걸**.

3. 그 친구는 내일 미국으로 **떠날걸**.

1. 멀쩡한 것을 왜 버리느냐고 묻고 있어요.

2. 미리 해놓지 않은 것을 후회하는 의미를 담고 있습니다.

3. 미국으로 떠날 것이라고 추측하는 뜻을 가지고 있어요.

사전 살펴보기

ㄹ걸

① 혼잣말에 쓰여 화자의 추측이 상대편이 이미 알고 있는 바나 기대와는 다른 것임을 나타내는 종결어미. 가벼운 반박이나 감탄의 뜻을 나타낸다.
- 그는 내일 미국으로 떠날걸.
- 너보다 키가 더 클걸.

② 혼잣말에 쓰여 그렇게 했으면 좋았을 것이나 하지 않은 어떤 일에 대해 가벼운 뉘우침이나 아쉬움을 나타내는 종결어미.
- 차 안에서 미리 자둘걸.
- 내가 잘못했다고 먼저 사과할걸.

그중

 실력이 (그중에서 / 그 중에서) 가장 낮다.

'중'은 '둘 중', '이 중' 등처럼 일반적으로 띄어 쓰지만 '그중'은 한 단어로 붙여 쓴답니다. '그중'은 "그중 깨끗하고 성한 옷을 골랐다"처럼 범위가 정해진 여럿 가운데 하나를 가리켜요.

⚠ 잘못 쓰기 쉬우니 주의해야 해요

1. 실력이 그중에서 가장 낫다.

2. 이 중에서 마음에 드는 것을 골라라.

→ 1. '그 가운데'를 뜻하는 '그중'은 한 단어로 붙여 씁니다.

　2. '이 가운데'를 뜻하는 '이 중'은 한 단어가 아니므로 띄어 써야 합니다.

1. **그중에서** 좋은 걸로 몇 개 꺼냈다.

2. **그중** 그래도 나은 편에 속한다.

3. **이 중에서** 아무거나 하나 골라라.

1. 여러 개 가운데서 좋은 것으로 몇 개 꺼냈다는 뜻이에요.

2. 여러 개 또는 여러 사람 중에서 나은 편이라는 의미입니다.

3. 이것들 가운데서 하나 고르라는 말이에요.

그중

범위가 정해진 여럿 가운데.

- 나는 사과 상자에서 그중에 좋은 걸로 몇 개 꺼냈다.
- 읍내에서는 바느질 솜씨가 그중 낫다는 여인에게 한복을 부탁했다.
- 그는 벽에 걸린 옷에서 그중 깨끗하고 성한 옷을 골라 입었다.

ㄴ즉

(글씨인즉 / 글씨인 즉) 악필이다.

예스러운 표현으로 '—로 말하면', '—를 보자면', '—를 듣자면' 등을 뜻하는 '—ㄴ즉'은 '—ㄴ 즉'과 같이 띄어 쓰기 쉬우나 보조사 또는 연결어미로 붙여 씁니다. "이야긴즉 옳다"처럼 사용해야 하지요.

⚠ 잘못 쓰기 쉬우니 주의해야 해요

1. 글씨인즉 악필이다.

2. 말씀인즉 지당하십니다.

▷ 1. 'ㄴ즉'을 띄어 쓰기 쉽지만 '글씨인즉'처럼 붙여 써야 해요.

　2. '말씀인즉'도 '글씨인즉'과 마찬가지로 붙여 써야 합니다. '성격인즉', '이야긴즉' 등도 마찬가지예요.

재미있고 멋있게 사용하기

1. **땐즉** 봄철이다.
2. **말씀인즉** 지당하지만 그대로 하기는 어렵습니다.
3. 쉽게 풀어 쓴 **책인즉** 이해하기가 쉬울 것이다.

1. 때는 바야흐로 봄철이라는 의미지요.
2. 말씀은 지극히 당연하지만 따르기는 어렵다는 말입니다.
3. 쉽게 풀어 쓴 책이기 때문에 이해하기 쉽다는 것을 뜻해요.

사전 살펴보기

ㄴ즉
① (예스러운 표현으로) '-로 말하면' '-를 보자면' '-를 듣자면' 등의 뜻을 나타내는 보조사.
• 이야긴즉 옳다.
• 취진즉 분명하다.
• 땐즉 봄철이다.
• 글씬즉 명필이다.

② 앞 절의 일이 뒤 절의 근거나 이유임을 나타내는 연결어미.
• 비가 내린즉 곧 강물이 불을 것이다.
• 날씨가 찬즉 얼음이 얼었다.

대로

" **(예상했던 대로 / 예상했던대로) 시험 문제가 까다로웠다.**

 "예상했던 대로 시험 문제가 까다로웠다", "본 대로 들은 대로 이야기를 해봐라"에서와 같이 '대로'가 어떤 모양이나 상태, 할 수 있는 최대한의 뜻을 나타낼 때는 의존명사로 띄어 써야 합니다.

 "처벌하려면 법대로 해라"처럼 앞에 오는 말에 근거하거나 달라짐이 없음을 나타낼 때, 또는 "큰 것은 큰 것대로 따로 모아 둬라"처럼 따로따로 구별됨을 나타낼 때는 보조사로 붙여 씁니다.

⚠ 잘못 쓰기 쉬우니 주의해야 해요

1. 예상했던 대로 시험 문제가 까다로웠다.

2. 네 마음대로 해도 신경 쓰지 않겠다.

→ 1. '예상했던 대로'에서 '대로'는 어떤 모양이나 상태를 나타내는 의존명사이기 때문에 띄어 써야 해요.

2. '마음대로'와 같이 앞에 오는 말에 근거함을 나타낼 때는 보조사로 붙여 써야 합니다.

1. 난 대로 있다. (속담)

2. 만사가 욕심대로라면 하늘에다 집도 짓겠다. (속담)

3. 땀은 땀대로 흘리고 농사는 풀농사만 짓는다. (속담)

1. 하는 행동이나 성격 등이 어릴 때와 마찬가지로 그대로 남아 있음을 이르는 말이에요.

2. 무슨 일이나 욕심대로만 되지는 않는다는 뜻입니다.

3. 부지런히 애를 쓰고 힘을 들여도 요령이나 기술이 부족해 별 성과가 없음을 이르는 말이에요.

대로

① 어떤 모양이나 상태와 같이.
- 본 대로/느낀 대로/그런대로

② 어떤 상태나 행동이 나타나는 그 즉시.
- 집에 도착하는 대로 편지를 쓰다.

③ 어떤 상태나 행동이 나타나는 족족.
- 기회 있는 대로 정리하는 메모

④ 어떤 상태가 매우 심하다는 뜻을 나타내는 말.
- 지칠 대로 지친 마음

⑤ 할 수 있는 만큼 최대한.
- 될 수 있는 대로 빨리 오다.

⑥ 앞에 오는 말에 근거하거나 달라짐이 없음을 나타내는 보조사.
- 처벌하려면 법대로 해라.

⑦ 따로따로 구별됨을 나타내는 보조사.
- 큰 것은 큰 것대로 따로 모아두다.

데

" **그가 (사는 데는 / 사는데는) 여기서 한참 멀다.** "

▶ '장소·경우·일·것'의 의미를 가질 때는 의존명사로 띄어 써요.
  • 그 사람은 오직 졸업장을 따는 데 목적이 있다./이 그릇은 귀한 거라 손님 대접하는 데나 쓴다.

▶ 뒷말을 연결해주는 연결형 어미일 때는 붙여 씁니다.
  • 날씨가 추운데 외투를 입고 나가거라./그 사람이 정직하기는 한데 이번 일에는 적합지 않다.

▶ 종결형 어미일 때도 붙여 쓰지요.
  • 오늘 날씨가 정말 추운데./어머님이 정말 미인이신데.

⚠ 잘못 쓰기 쉬우니 주의해야 해요

1. 그가 **사는 데는** 여기서 한참 멀다.

2. 저분이 그럴 분이 **아니신데** 큰 실수를 하셨다.

→ 1. '사는 데'처럼 '데'가 장소를 나타낼 때는 의존명사로 띄어 써야 합니다. '사는 곳'과 마찬가지 뜻이지요.

2. '아니신데', '처음인데'처럼 '데'가 뒷말을 연결해주는 연결형 어미일 때는 붙여 써야 합니다.

1. 가까운 무당보다 **먼 데** 무당이 영하다. 〔속담〕

2. 고양이 **죽는 데** 쥐 눈물만큼. 〔속담〕

3. **검은 데** 가면 검어지고 **흰 데** 가면 희어진다. 〔속담〕

1. 흔히 사람은 자신이 잘 알고 가까이 있는 것보다는 잘 모르고 멀리 있는 것을 더 좋은 것인 줄로 생각한다는 말이에요. = 먼 데 무당이 영하다. 먼 데 점이 맞는다.

2. 고양이가 죽었다고 쥐가 눈물을 흘릴 리 없다는 데서 나온 말로, 아주 없거나 있어도 매우 적을 때를 이르는 말입니다. = 쥐 죽은 날 고양이 눈물.

3. 주위 환경이 사람의 사상이나 성격에 큰 영향을 줌을 이르는 말이에요.

데

① '곳'이나 '장소'의 뜻을 나타내는 말.
- 의지할 데 없는 사람
- 예전에 가본 데가 어디쯤인지 모르겠다.

② '일'이나 '것'의 뜻을 나타내는 말.
- 그 책을 다 읽는 데 삼 일이 걸렸다.

③ '경우'의 뜻을 나타내는 말.
- 머리 아픈 데 먹는 약

④ 과거 어느 때에 직접 경험하여 알게 된 사실을 현재의 말하는 장면에 그대로 옮겨 와서 말함을 나타내는 종결어미.
- 그이가 말을 아주 잘하데.
- 그 친구는 아들만 둘이데.
- 고향은 하나도 변하지 않았데.

동안

(그 동안 / 그동안) 연락이 없어 무척 궁금했다.

'동안'은 '3시간 동안, 사흘 동안, 평생 동안' 등과 같이 띄어 쓰는 것이 원칙입니다. 그러나 '그동안', '오랫동안', '한동안'은 한 단어로 붙여 써요.

⚠ 잘못 쓰기 쉬우니 주의해야 해요

1. <mark>그동안</mark> 연락이 없어 무척 궁금했다.

2. 회의가 <mark>2시간 동안</mark> 이어졌다

→ 1. '그동안'은 한 단어로 붙여 써야 합니다. '오랫동안', '한동안'도 마찬가지입니다.

　 2. '2시간 동안'처럼 시간의 길이를 나타내는 '동안'은 일반적으로 띄어 씁니다. '이틀 동안' '한 달 동안' '방학 동안' 등도 띄어 써야 해요.

1. 3시간 **동안** 벌을 섰다.
2. 내가 없는 **동안** 집을 잘 보아야 한다.
3. 무거운 침묵이 **한동안** 계속됐다.

1. 3시간을 꼬박 벌을 섰다는 의미지요.
2. 내가 없는 사이 집을 잘 보라는 뜻입니다.
3. 무거운 침묵이 꽤 긴 시간 계속됐다는 의미예요.

동안
어느 한때에서 다른 한때까지 시간의 길이.
- 3시간 동안
- 사흘 동안
- 방학 동안
- 잠시 동안
- 얼마 동안
- 한참 동안의 침묵

기간
어느 일정한 시기부터 다른 어느 일정한 시기까지의 사이.
- 공백 기간
- 단속 기간
- 시험 기간

만

> **도대체 이게 (얼마만인가 / 얼마 만인가).**

▶ 시간, '—동안'을 나타내는 말일 때는 의존명사로 띄어 씁니다.
- 도착한 지 두 시간 만에 떠났다./그때 이후 삼 년 만이다.

▶ 앞말이 뜻하는 동작이나 행동에 타당한 이유가 있음을 나타내는 말일 때도 의존명사로 띄어 쓰지요.
- 듣고 보니 좋아할 만은 한 이야기다./그냥 모르는 척 살 만도 한데 말이야.

▶ 한정을 나타내거나 강조하는 뜻일 때는 보조사로 붙여 써야 합니다.
- 그를 만나야만 문제가 해결될 수 있다./열 장 중에서 하나만 당첨돼도 바랄 것이 없다.

⚠ 잘못 쓰기 쉬우니 주의해야 해요

1. 도대체 이게 얼마 만인가.

2. 하루 종일 잠만 잤더니 머리가 띵했다.

→ 1. '얼마 만인가'처럼 '만'이 시간이나 '—동안'을 나타내는 말일 때는 의존명사로 띄어 써야 합니다. '2시간 만에', '이틀 만에' 등도 띄어 쓰지요.

2. '잠만 잤더니'와 같이 '만'이 한정을 나타내거나 강조하는 뜻일 때는 보조사로 붙여 씁니다. '일만 했다', '보기만 했다' 등도 붙여 쓰지요.

1. 개 눈에는 **똥만** 보인다. 〔속담〕
2. 귀가 **항아리만** 하다. 〔속담〕
3. 고기는 안 잡히고 **송사리만** 잡힌다. 〔속담〕

1. 평소에 자신이 좋아하거나 관심을 가지고 있는 것만이 눈에 띈다는 것을 놀림조로 이르는 말이에요.
2. 남이 말하는 것을 그대로 다 곧이듣거나 잘 받아들이는 모양을 비유적으로 표현하고 있습니다.
3. 목적하던 바는 얻지 못하고 쓸데없는 것만 얻게 된다는 뜻이에요. = 고래 그물에 새우가 걸린다.

만
① 동안이 얼마간 계속되었음을 나타내는 말.
• 친구가 도착한 지 두 시간 만에 떠났다.
• 그때 이후 삼 년 만이다.
② 앞말이 뜻하는 동작이나 행동에 타당한 이유가 있음을 나타내는 말.
• 그가 화를 낼 만도 하다.
③ 앞말이 뜻하는 동작이나 행동이 가능함을 나타내는 말.
• 그냥 모르는 척 살 만도 한데 말이야.
④ 어떤 대상이 앞말이 뜻하는 행동을 할 타당한 이유를 가질 정도로 가치가 있음을 나타내는 말.
• 가볼 만한 장소
⑤ 앞말이 뜻하는 행동을 하는 것이 가능함을 나타내는 말.
• 그는 차를 살 만한 형편이 못 된다.

만큼

 (노력한 만큼 / 노력한만큼) 대가를 얻게 마련이다.

▶ 앞의 내용에 상당하는 수량이나 정도임을 나타내는 말일 때는 의존명사로 띄어 씁니다.
 • 주는 만큼 받아 온다./방 안은 숨소리가 들릴 만큼 조용했다.

▶ 뒤에 나오는 내용의 원인이나 근거가 됨을 나타내는 말일 때도 의존명사로 띄어 쓰지요.
 • 어른이 심하게 다그친 만큼 그의 행동도 달라져 있었다.

▶ 앞말과 비슷한 정도나 한도임을 나타낼 때는 보조사로 붙여 씁니다.
 • 나도 당신만큼은 할 수 있다./부모님에게만큼은 잘해드리고 싶었는데!

⚠️ 잘못 쓰기 쉬우니 주의해야 해요

1. <mark>노력한 만큼</mark> 대가를 얻게 마련이다.

2. <mark>공부만큼은</mark> 남에게 뒤지지 않는다.

→ 1. '노력한 만큼'처럼 '만큼'이 앞의 내용에 상당하는 정도를 나타낼 때는 의존명사로 띄어 써야 합니다.

2. '공부만큼은'과 같이 '만큼'이 앞말과 비슷한 정도나 한도를 나타낼 때는 보조사로 붙여 써야 해요.

재미있고 멋있게 사용하기

1. 발가락의 **티눈만큼도** 안 여긴다. [속담]
2. 콧대에 바늘 **세울 만큼** 골이 진다. [속담]
3. 개 호랑이가 물어 간 **것만큼** 시원하다. [속담]

1. 발가락에 난 귀찮은 티눈만큼도 여기지 아니한다는 뜻. 남을 몹시 업신여김을 비유적으로 이르는 말이에요. = 발새 티눈만도 못하다.
2. 눈살을 잔뜩 찌푸리는 모양을 비유적으로 표현하고 있어요.
3. 미운 개를 버리지도 못하고 속을 썩이던 중 호랑이가 물어 가서 시원하다는 뜻이지요. 꺼림칙한 것이 없어져 개운하고 시원함을 나타낸 말이에요.

사전 살펴보기

만큼
① 앞의 내용에 상당한 수량이나 정도임을 나타내는 말. = 만치
- 사용한 만큼 돈을 내면 된다.
② 뒤에 나오는 내용의 원인이나 근거가 됨을 나타내는 말.
- 몰랐던 만큼 이번은 용서한다.

③ 앞말과 비슷한 정도나 한도임을 나타내는 격조사.
- 집을 대궐만큼 크게 짓다.
- 명주는 무명만큼 질기지 못하다.

망정

"시험에 (떨어질망정 / 떨어질 망정) 남의 것을 베끼지는 않겠다."

▶ (주로 'ㄹ' 받침인 용언의 어간에 붙어) 앞 절의 사실을 인정하고 뒤 절에 그와 대립되는 다른 사실을 이어 말할 때는 연결어미로 붙여 써요.
  • 우리 학교는 규모가 작을망정 역사는 오래됐다.

▶ 괜찮거나 잘된 일이라는 뜻을 나타내는 말일 때는 의존명사로 띄어 씁니다.
  • 엄마가 바로 옆에 있었으니까 망정이지 하마터면 아기가 크게 다칠 뻔했다.

⚠ 잘못 쓰기 쉬우니 주의해야 해요

1. 시험에 **떨어질망정** 남의 것을 베끼지는 않겠다.

2. 네가 있었기에 **망정이지** 큰일 날 뻔했다.

→ 1. '떨어질망정'처럼 '망정'이 앞 절의 사실을 인정하고 뒤 절에 그와 대립되는 다른 사실을 이어 말할 때는 연결어미로 붙여 써야 해요.

2. '있었기에 망정이지'와 같이 잘된 일이라는 뜻을 나타낼 때는 의존명사로 띄어 써야 합니다.

1. 한 발 빨랐기 **망정이지** 사고가 날 뻔했다.
2. 시골에서 **살망정** 세상 물정을 모르지는 않는다.
3. 열 냥 부조는 **못할망정** 백 냥 제상은 치지 말라. 〔속담〕

1. 한 발 빨라서 다행히 사고를 모면했다는 뜻이지요.
2. 시골에서 살기는 하지만 세상 물정을 다 안다는 의미입니다.
3. 도와주지는 못하더라도 손해는 끼치지 말아야 한다는 말이에요.

망정
괜찮거나 잘된 일이라는 뜻을 나타내는 말.
- 그 집은 마침 네 눈에 띄었기에 망정이다.
- 우리가 한발 앞섰기에 망정이지 큰일 날 뻔했다.

ㄹ망정
앞 절의 사실을 인정하고 뒤 절에 그와 대립되는 다른 사실을 이어 말할 때에 쓰는 연결어미. 앞 절의 사실은 가상의 것일 수도 있다. '비록 그러하지만 그러나' 혹은 '비록 그러하다 하여도 그러나'에 가까운 뜻을 나타낸다.
- 머리는 나쁠망정 손은 부지런하다.
- 고생은 누구 못지않게 많았을망정 꿈을 버린 적은 없소.
- 차라리 얼어 죽을망정 겻불은 아니 쬐겠다.

못하다

" 그는 달리기를 (**못한다** / **못 한다**). "

▶ '못'은 '못 간다', '못 말린다' 등과 같이 띄어 쓰지만, '못하다'는 한 단어로 붙여 씁니다. '-지 못하다' 형태로 쓰이는 것이 이런 예이지요.

▶ 어떤 일을 일정한 수준에 못 미치게 하거나 그 일을 할 능력이 없다는 뜻으로 사용될 때도 '못하다'를 붙여 씁니다.

▶ '못'이 '되다'와 결합하는 경우 성질·품행이 좋지 않거나 일이 뜻대로 되지 않음을 나타낼 때는 '못되다'도 한 단어로 취급합니다.

⚠️ 잘못 쓰기 쉬우니 주의해야 해요

1. 그는 달리기를 **못한다**.

2. 아파서 학교에 **못 갔다**.

→ 1. '달리기를 못한다'처럼 '못하다'가 일정한 수준에 미치지 못하다는 뜻일 경우에는 한 단어로 붙여 씁니다. '영어를 못한다', '일을 못한다' 등도 마찬가지로 '못하다'가 한 단어예요.

2. '못 갔다', '못 먹었다', '못 온다' 등과 같이 '못'은 일반적으로 띄어 씁니다.

재미있고 멋있게 사용하기

1. 음식 맛이 **좋지 못하다**
2. 눈물 때문에 말을 **잊지 못했다**.
3. **먹다 못해** 음식을 남겼다.

1. 음식 맛이 일정한 수준에 미치지 못한다는 뜻이에요.
2. 눈물 때문에 말이 이어지지 못하고 끊어졌다는 의미입니다.
3. 먹다가 더 이상 먹지를 못해 음식을 남겼다는 말이에요.

사전 살펴보기

못하다
① 어떤 일을 일정한 수준에 못 미치게 하거나 그 일을 할 능력이 없다.
- 노래를 못하다./술을 못하다.
② 비교 대상에 미치지 아니하다.
- 음식 맛이 예전보다 못하다./건강이 젊은 시절만 못하다.
③ 아무리 적게 잡아도.
- 잡은 고기가 못해도 열 마리는 되겠지.
- 아무리 못해도 스무 명은 족히 넘을 것이다.
④ 앞말이 뜻하는 상태에 미치지 아니함을 나타내는 말.
- 편안하지 못하다.
- 아름답지 못하다.
- 그런 태도는 옳지 못하다.
⑤ 앞말이 뜻하는 행동이나 상태가 극에 달해 그것을 더 이상 유지할 수 없음을 나타내는 말.
- 희다 못해 푸른빛이 도는 치아
- 먹다 못해 음식을 남기다.
- 배가 고프다 못하여 아프다.

바

각자 (맡은바 / 맡은 바) 책임을 다하라.

 '바'가 앞에서 말한 내용 그 자체나 일 등을 나타내는 말과 방법·방도, 주장, 형편을 뜻하는 말일 때는 의존명사로 띄어 씁니다.
- 어찌할 바를 모르고 쩔쩔맸다. / 이렇게 억지 부릴 바에는 다 그만두자.

 뒤 절에서 어떤 사실을 말하기 위해 그 사실이 있게 된 과거의 상황을 미리 제시할 때는 연결어미로 붙여 써요.
- 서류를 검토한바 몇 가지 미비한 사항이 발견되었다.
- 너의 죄가 큰바 응당 벌을 받아야 한다.

⚠ 잘못 쓰기 쉬우니 주의해야 해요

1. 각자 **맡은 바** 책임을 다하라.

2. 그는 나와 **동창인바** 그를 잘 알고 있다.

→ 1. '맡은 바'처럼 '바'가 앞에서 말한 내용 그 자체나 일 등을 나타낼 때는 의존명사이므로 띄어 써야 해요.

   2. '동창인바'처럼 뒤 절이 있게 된 과거의 상황을 미리 제시할 때는 연결어미로 붙여 씁니다.

재미있고 멋있게 사용하기

1. 어차피 매를 **맞을 바에는** 먼저 맞겠다.
2. 눈 **둘 바를** 모르다.
3. 짐승과 하등 **다를 바** 없다.

1. 어차피 당할 일이라면 먼저 그렇게 하는 것이 좋다는 뜻이에요.
2. 민망해서 눈을 어디에 둘지 모르는 상태를 표현하고 있습니다.
3. 하는 짓이 짐승이 하는 것처럼 극히 수준이 낮음을 이르는 말이지요.

사전 살펴보기

바

① 앞에서 말한 내용 그 자체나 일 따위를 나타내는 말.
- 평소에 느낀 바를 말해라.
- 각자 맡은 바 책임을 다하라.

② 일의 방법이나 방도.
- 어찌할 바를 모르다.
- 나아갈 바를 밝히다.

③ 앞말이 나타내는 일의 기회나 그리된 형편의 뜻을 나타내는 말.
- 이왕 산 중턱까지 온 바에 꼭대기까지 올라갑시다.
- 이렇게 억지 부릴 바에는 다 그만두자.

④ 자기주장을 단언적으로 강조하여 나타내는 말.
- 우리는 우리의 굳건한 의지를 내외에 천명하는 바이다.

밖

> 그는 (**공부밖에** / **공부 밖에**) 모른다.

▶ 어떤 선이나 금을 넘어선 쪽, 겉이 되는 쪽, 일정한 한도나 범위에 들지 않는 나머지 다른 부분·일 등을 나타낼 때는 명사로 띄어 씁니다.
  - 이 선 밖으로 물러나 기다리시오./그녀는 기대 밖의 높은 점수를 얻었다.

▶ '그것 말고는'의 뜻을 나타낼 때는 조사로 붙여 씁니다. 이 경우 반드시 뒤에 부정을 나타내는 말이 따르니 기억해두세요.
  - 하나밖에 남지 않았다./나를 알아주는 사람은 너밖에 없다.
  - 가지고 있는 돈이 천 원밖에 없었다.

⚠ 잘못 쓰기 쉬우니 주의해야 해요

1. 그는 공부밖에 모른다.

2. 예상 밖으로 일이 복잡해졌다.

→ 1. '공부밖에'처럼 '밖'이 '그것 말고는'의 뜻을 나타낼 때는 조사로 붙여 써야 합니다. 이때는 부정을 나타내는 말이 따르지요.

2. '예상 밖으로'에서 '밖'은 일정한 한도나 범위에 들지 않는 나머지 다른 부분을 의미합니다. 이런 경우에는 명사로 띄어 써야 하지요.

재미있고 멋있게 사용하기

1. **물 밖에** 난 고기. 〔속담〕

2. **대문 밖이** 저승이라. 〔속담〕

3. 나쁜 일은 **천 리 밖에** 난다. 〔속담〕

1. 제 능력을 발휘할 수 없는 처지에 몰린 사람을 이르는 말입니다. 운명이 이미 결정 나 벗어날 수 없음을 비유적으로 표현한 것이기도 해요. = 뭍에 오른 고기

2. 사람은 언제 죽을지 모른다는 뜻으로, 사람의 목숨이 덧없음을 비유적으로 이르는 말이지요. = 문턱 밑이 저승이라. 저승길이 대문 밖이다.

3. 나쁜 일에 대한 소문은 먼 데까지 빨리 퍼짐을 비유적으로 이른 말이에요.

사전 살펴보기

밖

① 어떤 선이나 금을 넘어선 쪽.
- 밖을 내다보다.

② 겉이 되는 쪽. 또는 그런 부분.
- 옷장 안은 깨끗했으나, 밖은 긁힌 자국으로 엉망이었다.

③ 일정한 한도나 범위에 들지 않는 나머지 다른 부분이나 일.
- 그녀는 기대 밖의 높은 점수를 얻었다.

④ 무엇에 의하여 둘러싸이지 않은 공간. 또는 그쪽.
- 밖에 나가서 놀아라.

⑤ 한데.
- 당장 머물 곳이 없으니 밖에서 밤을 지새워야 할 판이다.

⑥ 바깥양반
- 밖에서 하시는 일을 안에서 어찌 알겠습니까?

뿐

❝ 모두들 구경만 (할 뿐 / 할뿐) 누구 하나 거드는 이가 없었다. ❞

▶ 다만 어떠하거나 어찌할 따름이라는 뜻을 나타낼 때는 의존명사로 띄어 씁니다.
 • 소문으로만 들었을 뿐이네.

▶ 오직 그렇게 하거나 그러하다는 것을 나타내는 말일 때도 의존명사로 띄어 쓰지요.
 • 이름이 나지 않았다 뿐이지 참 성실한 사람이다.

▶ (명사나 부사어 뒤에 붙어) '그것만이고 더는 없음' 또는 '오직 그렇게 하거나 그러하다는 것'을 나타낼 때는 보조사로 붙여 씁니다.
 • 그 아이는 학교에서뿐만 아니라 집에서도 말썽꾸러기였다.

⚠ 잘못 쓰기 쉬우니 주의해야 해요

1. 모두들 구경만 **할 뿐** 누구 하나 거드는 이가 없었다.

2. 이제 믿을 것은 오직 **실력뿐이다**.

→ 1 '구경만 할 뿐'에서 '뿐'은 다만 어찌할 따름이라는 뜻을 나타내는 의존명사로 띄어 써요.

  2. '실력뿐이다'에서 '뿐'은 '그것만이고 더는 없음'을 나타내는 보조사로 붙여 써야 합니다.

1. 늙을수록 느는 건 **잔소리뿐이다**. 〔속담〕

2. 까마귀가 열두 번 울어도 까옥 **소리뿐이다**. 〔속담〕

3. 물장수 삼 년에 남은 것은 **물고기뿐**. 〔속담〕

1. 늙어갈수록 남의 일이나 행동에 대한 타박이 많아져 잔소리가 심해짐을 이르는 말이에요.

2. 까마귀가 아무리 많이 울어도 듣기 싫은 까옥 소리뿐이라는 뜻입니다. 마음속이 검은 사람이 아무리 지껄여도 그 소리는 하나도 들을 것이나 이로운 것이 없음을 비유적으로 표현했어요.

3. 오랫동안 애써 수고한 일이 보람이 없음을 비유적으로 이르는 말이지요. = 물장수 삼 년에 궁둥잇짓만 남았다.

뿐

① 다만 어떠하거나 어찌할 따름이라는 뜻을 나타내는 말.
• 소문으로만 들었을 뿐이네.

② 오직 그렇게 하거나 그러하다는 것을 나타내는 말.
• 이름이 나지 않았다 뿐이지 참 성실한 사람이다.

③ '그것만이고 더는 없음' 또는 '오직 그렇게 하거나 그러하다는 것'을 나타내는 보조사.
• 우리 민족의 염원은 통일뿐이다.
• 가진 것은 이것뿐이다.

안되다

 자식이 (안 되기를 / 안되기를) 바라는 부모가 어디 있겠나?

'안'은 '안 간다', '안 먹는다', '안 된다'처럼 일반적으로 띄어 씁니다. 그러나 일·현상이 좋게 이뤄지지 않거나 사람이 훌륭하게 되지 못함을 뜻하는 '안되다'('잘되다'의 반대 개념)는 한 단어로 붙여 쓰지요.

⚠ 잘못 쓰기 쉬우니 주의해야 해요

1. 자식이 **안되기를** 바라는 부모가 어디 있겠나?
2. 자기 전에 음식을 **안 먹는** 것이 좋다.

→ 1. '자식이 안되기를'처럼 '안되다'가 사람이 훌륭하게 되지 못함을 뜻할 때는 한 단어로 붙여 씁니다. '장사가 안된다'고 할 때도 '안'을 붙여 써야 해요.

2. '음식을 안 먹는'처럼 '안'이 '아니'의 준말인 경우 띄어 써야 합니다. '안 간다', '안 한다', '안 준다'도 마찬가지로 '안'을 띄어 써야 해요.

재미있고 멋있게 사용하기

1. **안 주어서** 못 받지 손 작아서 못 받으랴. [속담]
2. **안되는** 사람은 자빠져도(뒤로 넘어져도) 코가 깨진다. [속담]
3. **안 먹겠다** 침 뱉은 물 돌아서서 다시 먹는다. [속담]

1. 주면 주는 대로 얼마든지 받을 수 있다는 뜻이지요.
2. 운수가 나쁜 사람은 보통 사람에게는 생기지도 않는 나쁜 일까지 생김을 비유적으로 이르는 말이에요.
3. 두 번 다시 안 볼 것처럼 모질게 대한 사람에게 나중에 도움을 청할 일이 생긴다는 뜻으로, 누구에게나 좋게 대해야 함을 비유적으로 이르는 말입니다.

사전 살펴보기

안
'아니'의 준말.
- 안 벌고 안 쓰다.
- 비가 안 온다.
- 이제 다시는 그 사람을 안 만나겠다.
- 안 먹고는 살 수가 없다.

안되다
① 일, 현상, 물건 따위가 좋게 이루어지지 않다.
- 공부가 안돼서 잠깐 쉬고 있다.
② 사람이 훌륭하게 되지 못하다.
- 자식이 안되기를 바라는 부모는 없다.
③ 일정한 수준이나 정도에 이르지 못하다.
- 이번 시험에서 우리 중 안되어도 세 명은 합격할 것 같다.

이것, 저것

(이것은 / 이 것은) 연필과 지우개다.

'내 것', '네 것', '언니 것' 등 '것'은 일반적으로 띄어 씁니다. 그러나 '이것', '저것', '이것저것', '요것', '그것', '고것', '아무것' 등은 한 단어로 붙여 쓰지요.

⚠️ 잘못 쓰기 쉬우니 주의해야 해요

1. **이것은** 연필과 지우개다.
2. **저것은** 책상과 걸상이다.

→ 1. '하는 것', '먹는 것'처럼 '것'은 일반적으로 띄어 쓰지만 '이것'은 한 단어로 붙여 쓰지요.
   2. '저것' 역시 '이것'과 마찬가지로 한 단어 취급하므로 붙여 써야 합니다.

1. **이것저것** 다 해 봤지만 별 수 없었다.
2. **그것은** 거기다 내려놓고 빈손으로 이리 오게.
3. 그는 살아남기 위해 **아무것이나** 닥치는 대로 일했다.

1. 안 해본 것 없이 여러 가지를 해봤지만 별 수 없었다는 뜻이에요.
2. '그것'은 듣는 이에게 가까이 있거나 듣는 이가 생각하고 있는 사물을 가리키는 지시 대명사입니다.
3. '아무것'은 특별히 정해지지 않은 어떤 것 일체를 가리켜요.

이것
① 말하는 이에게 가까이 있거나 말하는 이가 생각하고 있는 사물을 가리키는 지시 대명사.
- 이것은 연필이다./이것이 무엇이냐?
② 바로 앞에서 이야기한 대상을 가리키는 지시 대명사.
- 조심, 이것을 명심하라./넌 너무 게을러. 이것이 너의 문제이다.
③ '이 사람'을 낮잡아 이르는 삼인칭 대명사.
- 이것이 여기가 어디라고, 감히./이것들 봐라! 어디서 행패야.
④ '이 아이'를 귀엽게 이르는 삼인칭 대명사.
- 이것이 제법 심부름을 잘한답니다.

저것
① 말하는 이나 듣는 이로부터 멀리 있는 사물을 가리키는 지시 대명사.
- 저것을 좀 보십시오.
② '저 사람'을 낮잡아 이르는 삼인칭 대명사.
- 저것도 사내라고 남이 하는 건 고루 시늉 내누나…. ≪이문구, 장한몽≫
③ '저 아이'를 귀엽게 이르는 삼인칭 대명사.
- 저것들 노는 것 좀 보세요. 얼마나 귀여운지 몰라요.

지

그를 (만난지도 / 만난 지도) 꽤 오래 됐다.

▶ 시간을 나타낼 때는 의존명사로 띄어 써야 해요.
- 여자친구를 만난 지도 꽤 오래되었다.

▶ 의문·추측을 나타내는 경우에는 어미로 붙여 씁니다.
- 그 사람이 누군지 아무도 모른다./얼마나 부지런한지 세 사람 몫의 일을 해낸다.

⚠ 잘못 쓰기 쉬우니 주의해야 해요

1. 그를 만난 지도 꽤 오래 됐다.
2. 그는 어떤 사람이지?

→ 1. '만난 지'처럼 '지'가 시간을 나타낼 때는 의존명사로 띄어 써야 합니다. '간 지', '온 지', '떠난 지' 등도 시간을 나타내므로 띄어 씁니다.

2. '어떤 사람이지?'처럼 '지'가 의문을 나타낼 때는 어미로 붙여 써야 해요. '얼마지?', '끝났지?' 등도 마찬가지로 '지'를 붙여 써야 합니다.

재미있고 멋있게 사용하기

1. 그가 떠난 **지** 사흘째다.
2. 어디서 **왔는지** 아무도 모른다.
3. 아버님, 어머님께서도 **안녕하신지**.

1. 그가 떠난 뒤 사흘이 흘렀다는 뜻이에요.
2. 어디서 왔는가에 대해 아무도 알지 못한다는 말입니다.
3. 아버님, 어머님께서도 잘 계신지 묻고 있어요.

사전 살펴보기

지
① 어떤 일이 있었던 때로부터 지금까지의 동안을 나타내는 말.
- 그를 만난 지도 꽤 오래되었다.
- 강아지가 집을 나간 지 사흘 만에 돌아왔다.

② 어떤 사실을 긍정적으로 서술하거나 묻거나 명령하거나 제안하는 따위의 뜻을 나타내는 종결어미. 서술, 의문, 명령, 제안 따위로 두루 쓰인다.
- 나도 가지.
- 언제 오시지?
- 그는 어떤 사람이지?
- 자네는 그만 떠나지.

지난

(**지난주** / **지난 주**) 학교에 지각을 한 적이 있다.

'지난'은 '지난 월요일, 지난 이틀간'처럼 일반적으로 띄어 씁니다. 그러나 '지난주, 지난달, 지난해, 지난봄, 지난여름, 지난겨울'은 한 단어로 취급해 붙여 씁니다. '올여름, 올겨울' 등도 한 단어로 취급하므로 붙여 써야 합니다.

⚠ 잘못 쓰기 쉬우니 주의해야 해요

1. **지난주** 학교에 지각을 한 적이 있다.

2. **지난 방학** 때 국립중앙박물관에 다녀왔다.

→ 1. '지난주'는 한 단어로 붙여 씁니다. '지난달, 지난여름, 지난겨울'도 한 단어로 취급하므로 붙여 쓰지요.

2. '지난 방학'처럼 과거를 나타내는 '지난'은 일반적으로 띄어 씁니다. '지난 수업', '지난 학기' 등도 띄어 써야 해요.

1. 그녀와 보냈던 **지난날의** 추억을 잊을 수 없다.
2. **지난겨울에는** 유독 눈이 많이 내렸다.
3. 올여름은 **지난해보다** 훨씬 덥다.

1. 그녀와 함께한 과거를 잊을 수 없다는 뜻이에요.
2. 바로 전 지나간 겨울에 유난히 눈이 많이 내렸다는 말입니다.
3. 이번 여름이 지나간 해의 여름보다 훨씬 덥다는 의미지요.

지난밤
바로 어젯밤.
- 나는 지난밤에 한숨도 자지 못했다.

지난주
이 주의 바로 앞의 주.
- 지난주와 그 앞 주에는 수입이 시원치가 않았었다.

올겨울
올해 겨울.
- 기상청에서는 올겨울 추위가 예년보다 심할 것이라고 예보하였다.

커녕

> 그는 (**돕기는커녕** / **돕기는 커녕**) 방해만 하고 있었다.

'—커녕' 또는 '—는(은)커녕'은 띄어 쓰는 것으로 생각하기 쉬우나 모두 붙여 씁니다. 어떤 사실을 부정하는 것은 물론 그에 미치지 못하는 것까지 부정하는 뜻을 나타내는 말이지요.

⚠ 잘못 쓰기 쉬우니 주의해야 해요

1. 그는 <mark>돕기는커녕</mark> 방해만 하고 있었다.

2. <mark>밥은커녕</mark> 물도 못 먹었다.

→ 1. '돕기는커녕'처럼 '−는커녕'을 띄어 쓰는 것으로 생각하기 쉬우나 조사이기 때문에 앞말에 붙여 써야 합니다.

2. '밥은커녕'도 '돕기는커녕'과 같이 붙여 써야 해요. '먹기는커녕', '하기는커녕', '공부는커녕' 등도 마찬가지입니다.

재미있고 멋있게 사용하기

1. **밥커녕** 죽도 못 먹는다.
2. **빨리는커녕** 천천히도 못 걷겠다.
3. **고마워하기는커녕** 알은체도 않더라.

1. 밥은 말할 것도 없고 죽도 못 먹는다는 뜻이에요.
2. 빨리 걷지 못할 뿐 아니라 천천히 걷지도 못하겠다는 의미입니다.
3. 고마워할 줄 알았는데 그렇지 않을 뿐만 아니라 알은체도 하지 않는다며 푸념하고 있어요.

사전 살펴보기

커녕
① 어떤 사실을 부정하는 것은 물론 그보다 덜하거나 못한 것까지 부정하는 뜻을 나타내는 보조사. = 고사하고, 그만두고
- 밥커녕 죽도 못 먹는다.
- 나무커녕 풀도 없는 황무지가 저렇게 옥답으로 변했다오.
- 비커녕 구름조차 끼지 않는다.

② '말할 것도 없거니와 도리어'의 뜻을 나타내는 보조사.
- 상커녕 벌을 받았다.

한번

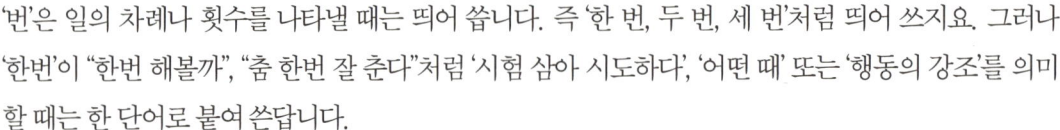

우리 (한번 / 한 번) 제대로 해보자.

'번'은 일의 차례나 횟수를 나타낼 때는 띄어 씁니다. 즉 '한 번, 두 번, 세 번'처럼 띄어 쓰지요. 그러나 '한번'이 "한번 해볼까", "춤 한번 잘 춘다"처럼 '시험 삼아 시도하다', '어떤 때' 또는 '행동의 강조'를 의미할 때는 한 단어로 붙여 쓴답니다.

⚠ 잘못 쓰기 쉬우니 주의해야 해요

1. 우리 한번 제대로 해보자.

2. 한 번 시험으로 합격했다.

→ 1. '한번'이 시험 삼아 시도하다는 뜻으로 쓰였으므로 붙여 써야 합니다. 어떤 의미로 쓰였는지 전체 문맥을 보아서 판단해야 하지요.

2. '한 번'이 '두 번' '세 번'처럼 횟수를 나타내는 말로 사용됐으므로 띄어 써야 합니다.

1. **한번은** 그런 일도 있었지.

2. **한번** 엎지른 물은 다시 주워 담지 못한다. (속담)

3. **한번** 쥐면 펼 줄 모른다. (속담)

1. 지난 어느 때에 그런 일도 있었다는 뜻이에요.
2. 일단 저지른 잘못은 회복하기 어렵다는 말입니다.
3. 무엇이든 일단 손에 들어오면 놓지 아니한다는 의미예요.

한번
① 지난 어느 때나 기회.
- 한번은 그런 일도 있었지.
- 언젠가 한번은 길에서 그 사람과 우연히 마주친 일이 있었어.
② 어떤 일을 시험 삼아 시도함을 나타내는 말.
- 한번 해 보다./한번 먹어 보다/제가 일단 한번 해 보겠습니다.
③ 기회 있는 어떤 때에.
- 우리 집에 한번 놀러 오세요./시간 날 때 낚시나 한번 갑시다.

④ 어떤 행동이나 상태를 강조하는 뜻을 나타내는 말.
- 춤 한번 잘 춘다./공 한번 잘 찬다./너, 말 한번 잘했다.
- 고 녀석, 울음소리 한번 크구나.
⑤ 일단 한 차례.
- 한번 물면 절대 놓지 않는다./한번 먹으면 멈출 수 없는 맛이다.

못다 한 이야기 2

띄어 써야 할 것 같지만
꼭 붙여 써야 하는 단어들

앞에서 '지', '바', '데' 등처럼 내용에 따라 띄었다 붙였다 해야 하는 것을 살펴보았습니다. '한동안', '지난주', '한번' 등과 같이 한 단어로 취급하는 것에 대해서도 알아보았고요.
여기서는 '보잘것없다', '온데간데없다' 등처럼 전체가 한 단어로 굳어져 붙여 쓰는 경우와 반대로 붙여 쓸 것 같지만 띄어 쓰는 경우를 살펴볼게요.

▶ **똑같은, 똑같이**

'이 같은'은 두 단어로 띄어 쓰고, '이같이'는 한 단어로 붙여 씁니다. 그러나 '똑같다'는 단어에서 나온 '똑같은'과 '똑같이'는 붙여 쓰지요.

- **이 같은** 일이 벌어지리라고는 아무도 알지 못했다.
- 선생님이 **이같이** 화를 내시는 모습을 본 적이 없었다.
- 매일 **똑같은** 생활을 되풀이하고 있다.
- 우리는 **똑같이** 졸업반이다.

▶ **보잘것없다, 하잘것없다**

'보잘것없다'·'하잘것없다'·'온데간데없다'·'올데갈데없다'·'얼토당토않다(얼토당토아니하다)'는 전체가 한 단어로 모두 붙여 씁니다.

- **보잘것없는** 수입이지만 저는 이 일이 좋습니다.
- **하잘것없는** 일로 형제끼리 다투어서야 되겠는가.
- 선거 때의 장밋빛 공약은 **온데간데없다**.
- 현대 핵가족 생활에서 노인은 **올데갈데없다**.
- 소문은 **얼토당토않은** 데서부터 시작됐다.

▶ —ㄹ 텐데, —ㄹ 테야

'—ㄹ텐데', '—ㄹ테야'처럼 한 단어로 생각하고 붙여 쓰기 쉬우나 '텐데'는 '터인데', '테야'는 '터이야'의 준말이므로 띄어 써야 해요.

- 선생님이 아시면 크게 화내실 텐데. (← 화내실 터인데)
- 누가 뭐라고 하든 내 마음대로 할 테야. (← 할 터이야)

▶ 의미가 전성된 복합어

다음 단어들은 의미가 전성된 복합어(한 단어)로 붙여 써요. 복합어란 기능이나 상태 따위가 바뀌어 의미가 달라진 말을 가리킵니다.

새것·새집·새살림·새잎·새색시·새댁
큰돈·큰손·큰길·큰절·큰비·큰물·큰불·큰집·큰아버지·큰아들
작은방·작은창자·작은집·작은형·작은아들·작은마누라

- 텔레비전을 새것으로 바꿨다.
- 두 사람은 결혼해 새살림을 차렸다.
- 평생을 절약하여 큰돈을 모았다.
- 그는 아버님께 큰절을 올렸다.
- 방학 때 부산에 있는 큰집에 가려고 한다.
- 박스 공장에서 오늘 큰불이 났다.
- 작은방이 내가 동생과 함께 쓰는 방이다.
- 오늘 큰형이 서울에서 내려왔다.

3부

틀리기 쉬운 말 바로 쓰기

말할 때는 대충 얘기해도 의미가 전달되기 때문에 정확하지 않은 낱말을 사용하는 경우가 많습니다. 막상 적으려고 하면 헷갈리지요. '일찌기/일찍이' '발자욱/발자국' '갈께요/갈게요' 등이 그러한 예입니다. '일찍이' '발자국' '갈게요'가 각각 바른말이지요. 이처럼 일상에서 많이 쓰면서도 틀리기 쉬운 말을 간추렸습니다.

간지렸다 ✗　간질였다 ○

> 강아지가 발바닥을 간질였다.

> 친구가 옆구리를 (**간질였다** / **간지렸다**).

살갗을 문지르거나 건드려 간지럽게 한다는 의미를 나타낼 때 '간지르다'는 표현을 쓰곤 해요. 그러나 '간질이다'가 바른말입니다. 따라서 과거형은 '간지렸다'가 아니라 '간질였다'가 되지요. '간지르다'를 활용한 '간지른다, 간지르는, 간지르고, 간질러, 간지르니' 등도 '간질인다, 간질이는, 간질이고, 간질여, 간질으니'로 고쳐야 합니다.

⚠ 잘못 쓰기 쉬우니 주의해야 해요

1. 친구가 옆구리를 간질였다.

2. 내 다리를 간질이지 마라.

→ 1. 친구가 장난으로 옆구리를 간지럽게 하는 경우가 있지요. 이럴 때 '간지렸다'로 쓰기 쉽지만 '간지르다'가 아니라 '간질이다'가 기본형이므로 '간질였다'고 해야 합니다.

2. 다리를 간지럽게 하지 말라고 하는 경우에도 '간지르지 마라'가 아니라 '간질이지 마라'가 바른 표현입니다.

1. 짝꿍이 옆구리를 **간질이는** 바람에 깜짝 놀랐다.

2. 바다 내음이 코를 **간질이고** 있었다.

3. 친구가 내 귀를 **간지럽혔다**.

1. 짝꿍이 옆구리를 간지럽게 하는 바람에 몹시 놀랐다는 뜻이에요.

2. 바다 냄새가 코를 간지럽게 하고 있었다는 말입니다.

3. 친구가 귀를 간지럽게 했다는 의미예요. '간지럽히다'는 '간질이다'와 같은 뜻의 낱말입니다.

간질이다
살갗을 문지르거나 건드려 간지럽게 하다. = 간지럽히다
- 옆구리를 간질이다.
- 살갗을 간질이다.
- 손을 간질이다.

내음
코로 맡을 수 있는 나쁘지 않거나 향기로운 기운. 주로 문학적 표현에 쓰인다.
- 봄 내음
- 바다 내음
- 고향의 내음

갈께요 ✗ 갈게요 ○

> **내일 아침에 일찍 (갈께요 / 갈게요).**

일어날 행동에 대한 약속이나 의지를 나타내는 종결어미 '—게'는 '갈께요' 또는 '갈게'처럼 '께'로 적기 쉽지만 '갈게요' 또는 '갈게'가 맞는 말이에요. 맞춤법 개정 전에는 '갈께, 할께, 줄께, 먹을께, 굶을께'처럼 발음과 동일하게 '—ㄹ께'로 표기했습니다. 그러나 1988년 맞춤법을 개정하면서 '갈게, 할게, 줄게, 먹을게, 굶을게'처럼 '—ㄹ게'로 바뀌었지요. 조사 '—요'가 붙을 때도 마찬가지로 '갈게요, 할게요, 줄게요, 먹을게요, 굶을게요'처럼 적어야 합니다.

⚠ 잘못 쓰기 쉬우니 주의해야 해요

1. 내일 아침에 일찍 **갈게요**.

2. 조금 있다가 **먹을게**.

→ 1. 일찍 간다고 할 때 "일찍 갈께요"처럼 '갈께요'로 쓰는 경우가 많습니다. 발음이 그렇게 되기 때문이지요. 하지만 적을 때는 발음과 달리 '갈게요'로 해야 합니다.

2. 먹겠다고 할 때에도 발음 때문에 '먹을께'로 적기 쉽지만 '먹을게'가 바른말입니다. '할게', '줄게', '잘게' 등도 모두 '게'로 적어야 합니다.

재미있고 멋있게 사용하기

1. 이번 주말에 꼭 **갈게요**.
2. 다시 **연락할게요**.
3. 이따가 **먹을게요**.

1. 이번 주말에 꼭 가겠다는 다짐을 말하고 있어요.
2. 다시 연락하겠다는 약속을 의미합니다.
3. 지금 배가 고프지 않거나 먹을 형편이 못 돼 나중에 먹겠다는 뜻이지요.

사전 살펴보기

─ㄹ게

받침이 없는 동사 어간이나 'ㄹ' 받침인 동사 어간 뒤에 붙어 어떤 행동을 할 것을 약속하는 뜻을 나타내는 종결어미.
- 다시 연락할게.
- 다음에 할게.

과반수 이상 ✕   과반수 ○

" 찬성이 (과반수 이상 / 과반수)을[를] 차지했다. "

'과반수 이상'이란 말을 많이 쓰지만 '과반수(過半數)'의 의미에 절반이 넘는 수라는 뜻이 들어 있으므로 그냥 '과반수'라고 해야 해요. 즉 '과반수' 자체가 반을 넘는 수를 뜻하므로 '이상'은 불필요한 말입니다. '과반수=반수 이상'이 되는 셈이지요. 따라서 '과반수'라고 하거나 이상을 넣어 표현할 경우에는 '반수 이상'이라고 해야 합니다. '2분 1 이상'이라는 표현도 같은 의미예요.

⚠ 잘못 쓰기 쉬우니 주의해야 해요

1. 찬성이 과반수를 차지했다.

2. 그 모임의 반수 이상이 여학생이다.

→ 1. 찬성이 반을 넘어야 안건이 통과되지요. 그래서 반을 넘는지 그렇지 않는지가 중요한 경우가 많습니다. 반을 넘을 때는 '과반수 이상'이라고 해서는 안 됩니다. '과반수'가 반을 넘는 수를 뜻하기 때문이지요. 그냥 '과반수'라고 해야 합니다.

2. '과반수'가 반을 넘는 수이므로 '반수 이상'이라고 해도 같은 말이 됩니다. '과반수'라고 해야 할지, '과반수 이상'이라고 해야 할지 헷갈린다면 쉽게 '반수 이상'이라고 표현하는 것도 좋은 방법이에요.

1. 참석자의 **과반수가** 그 안건에 찬성했다.

2. **반수 이상이** 참여했다.

3. **2분의 1 이상** 획득에 실패했다.

1. 반을 넘는 수가 안건에 찬성했다는 의미예요.
2. 반을 넘는 수가 참여했다는 말입니다.
3. 반을 넘는 데 실패했다는 뜻이지요.

과반수(過半數)
절반이 넘는 수.
- 과반수를 획득하다.
- 과반수에 못 미치다.
- 참석자의 과반수가 그 안건에 찬성하였다.
- 그 모임은 구성원의 과반수가 미혼 여성이다.

건데기 건더기

할아버지께서는 국물만 드시고 건더기는 남기셨다.

> (건데기 / 건더기)까지 남기지 말고 먹어라.

국이나 찌개 등 국물이 있는 음식 속에 들어가는 국물 이외의 내용물을 가리키는 말은 '건데기'가 아니라 '건더기'입니다. '건데기'라 잘못 쓰는 경우가 적지 않은데 이는 'ㅣ 모음 역행동화'의 영향 때문입니다. 'ㅣ 모음 역행동화'는 앞에 오는 'ㅏ, ㅓ, ㅜ, ㅗ'가 뒤에 오는 'ㅣ'에 동화돼 'ㅐ, ㅔ, ㅟ, ㅚ'로 바뀌는 현상을 말합니다. '건데기'의 경우 뒤에 오는 '기'(ㅣ)의 영향을 받아 앞에 오는 '더'(ㅓ)가 '데'(ㅔ)로 바뀐 것입니다. 그러나 이러한 현상이 일어난 결과는 대부분 표준말로 인정하지 않고 있지요.

⚠ 잘못 쓰기 쉬우니 주의해야 해요

1. <mark>건더기까지</mark> 남기지 말고 먹어라.

2. 열심히 했지만 아무 <mark>건더기도</mark> 없다.

→ 1. 국물만 먹고 남는 것은 '건데기'가 아니라 '건더기'가 바른말이에요.

    2. 노력을 들인 대가로 들어오는 것을 속되게 이르는 말로도 '건더기'가 사용됩니다.

1. 이번 일에는 변명할 **건더기가** 없다.

2. 계약을 성사시켰지만 나에게는 아무 **건더기도** 생긴 것이 없다.

3. **건더기** 먹은 놈이나 국물 먹은 놈이나. 〔속담〕

1. 이번 일에는 변명할 여지가 없다는 뜻이에요.

2. 나에게 돌아온 대가는 아무 것도 없다는 말입니다.

3. 잘 먹은 사람이나 못 먹은 사람이나 결과적으로 배고파지기는 마찬가지라는 말로, 잘산 사람이나 못산 사람이나 결국은 마찬가지라는 뜻의 속담입니다.

건더기

① 국이나 찌개 따위의 국물이 있는 음식 속에 들어 있는 국물 이외의 것.
- 할아버지께서는 국물만 드시고 건더기는 남기셨다.

② 액체에 섞여 있는, 녹거나 풀리지 않은 덩어리.
- 카레가 물에 잘 풀리지 않아서 건더기가 그대로 남아 있다.

③ 내세울 만한 일의 내용이나 근거를 속되게 이르는 말.
- 말할 건더기가 없다.
- 변명할 건더기가 없다.
- 신문 지상에 얼굴이 나올 만한 일도 한 적이 없으니 우쭐거릴 건더기가 없다.

④ 노력을 들인 대가로 들어오는 것을 속되게 이르는 말.
- 이 계약을 성사시키기 위해 이리 뛰고 저리 뛰었지만, 나에게는 아무 건더기도 생긴 것이 없다.

길다란 × 기다란 ○

> 옛날 선생님들은 (길다란 / 기다란) 회초리를 들고 계셨다.

'길다란'이라는 단어를 사용하기 위해서는 '길다랗다'는 말이 존재해야 해요. 그러나 '길다랗다'는 말은 없습니다. '기다랗다'가 맞는 말이에요. 활용할 때는 '길다란'이 아니라 '기다란'이라고 해야 하지요. '길다랗다'가 변한 형태인 '기다랗다'를 표준어로 삼고 있답니다.

우리말에는 원래 말에서 변한 형태를 표준어로 삼는 것이 적지 않아요. '기다랗다'의 반대말은 '짧다랗다'가 아니라 '짤따랗다'예요. 이는 '겹받침의 끝소리가 드러나지 않는 것은 원형을 밝혀 적지 않고 소리대로 적는다'는 규정 때문입니다. '얄따랗다, 널따랗다'도 마찬가지에요.

⚠ 잘못 쓰기 쉬우니 주의해야 해요

1. 옛날 선생님들은 **기다란** 회초리를 들고 계셨다.
2. 운동장에는 **짤따란** 나무가 많다.

→ 1. 요즘과 달리 옛날 선생님들은 근엄하고 무서웠습니다. 회초리를 들고 계신 선생님도 있었지요. 회초리가 긴 것이라면 '길다란 회초리'가 아니라 '기다란 회초리'라고 해야 합니다. 기본형이 '길다랗다'가 아니라 '기다랗다'이기 때문이지요.

2. 나무의 키가 작은 경우 '짧다란 나무'라고 하기 쉽습니다. 그러나 기본형이 '짤따랗다'이므로 '짧다란'이 아니라 '짤따란'이라고 적어야 해요. '기다랗다'의 반대말이 '짤따랗다'이라는 것을 기억하고 있으면 좋아요.

1. **기다란** 몽둥이는 보기만 해도 무섭다.
2. 영희는 머리를 **기다랗게** 늘어뜨리고 있다.
3. 목을 **기다랗게** 빼고 기다렸지만 오지 않았다.

1. 긴 몽둥이는 보기만 해도 무섭다는 뜻이에요.
2. 영희가 머리를 아래로 길게 늘어뜨리고 있다는 의미입니다.
3. 목을 위로 길게 내밀고 기다렸다는 뜻으로, 몹시 안타깝게 기다리고 있는 모습을 표현했어요.

기다랗다
매우 길거나 생각보다 길다. ↔ 짤따랗다
- 머리를 기다랗게 늘어뜨리다.
- 생사탕(生蛇湯) 집의 뚱뚱보 영감이 한 손으로는 우리 염소의 목 고리를 쥐고 기다란 나무토막을 쥔 다른 손으로는 염소의 머리를 사정없이 내리치고 있었다. ≪김승옥, 염소는 힘이 세다.

짤따랗다
매우 짧거나 생각보다 짧다.
- 짤따란 나무. 키가 짤따랗다.

얄따랗다
꽤 얇다. ↔ 두껍다랗다
- 연기는 넓고 얄따랗게 벽 위로 펼쳐지면서 천장으로 빨려 올라갔다.

까발기다 ✕ 까발리다 ○

> 친구들에게 소문을 (까발기고 / 까발리고) 다녔다.

'까발기다'고 쓰는 사람이 많지만 '까발리다'가 표준어예요. '까발리다'는 '까다+발리다'의 구성입니다. 껍데기를 벌려 젖히고 속의 것을 드러나게 하거나 비밀 등을 속속들이 들추어내다는 뜻이지요.

⚠ 잘못 쓰기 쉬우니 주의해야 해요

1. 친구들에게 소문을 까발리고 다녔다.

2. 삶은 조개를 까발려 맛있게 먹었다.

→ 1. 친구들에게 소문을 막 얘기하고 다니는 것은 좋은 일이 아니지요. 이처럼 소문을 마구 얘기하고 다니는 것을 표현할 때 "소문을 까발기고 다닌다"가 아니라 "소문을 까발리고 다닌다"고 해야 합니다. 기본형이 '까발기다'가 아니라 '까발리다'이기 때문이에요.

2. 조개의 껍데기를 젖히고 속에 있는 것을 꺼내 먹을 때 "조개를 까발겨 먹었다"가 아니라 "조개를 까발려 먹었다"고 해야 합니다. '까발리다'는 '까발려', '까발리고', '까발리니' 등으로 활용돼요.

1. 밤송이를 조심스럽게 **까발렸다**.

2. 잡은 조개를 **까발렸다**.

3. 내가 한 얘기를 **까발리고** 다녀선 안 된다.

---

1. 밤송이를 조심스럽게 열어젖혔다는 뜻이에요.

2. 잡은 조개를 벌려 젖혔다는 말입니다.

3. 내가 한 얘기를 남들에게 전해서는 안 된다는 의미지요.

까발리다

① 껍데기를 벌려 젖히고 속의 것을 드러나게 하다. = 드러내다
- 조개를 까발리다.
- 밤송이를 조심스럽게 까발리다.

② 비밀 따위를 속속들이 들추어내다. = 폭로하다
- 회사에 그 사람의 전력을 까발리다.
- 남의 흉허물을 까발리다.
- 피차 속이 빤히 들여다보이면서도 감히 까발릴 용기도 없고 하여 그냥 계속 속고 속이는 재미도 없는 속임수 말이다. ≪박완서, 도시의 흉년≫

꺼예요 ✕   거예요 ○

> **내 마음을 모르실 (꺼예요 / 거예요).**

'거예요'의 발음을 [꺼]에 가깝게 하기 때문에 '꺼예요'로 쓰기 쉽지만 '거예요'가 맞는 말입니다. '거예요'는 '것+이에요', 즉 '것이에요'가 줄어든 말이지요. '갈 꺼야'의 '꺼야'도 '거야'로 써야 합니다. '거야'는 '것이야'의 준말이고요. 따라서 '갈 거야'가 됩니다.

⚠ 잘못 쓰기 쉬우니 주의해야 해요

1. 내 마음을 모르실 **거예요**.

2. 다시는 보지 못할 **거야**.

→ 1. 말할 때는 '꺼예요'로 발음하는 경향이 있지만 적을 때는 '거예요'로 해야 합니다. '거예요'는 '것이에요'가 줄어든 말이지요.

2. '거야' 역시 말할 때는 대부분 '꺼야'로 발음하지만 '거야'로 적어야 합니다. '거야'는 '것이야'의 준말이지요.

재미있고 멋있게 사용하기

1. 우리의 추억을 잊지 못할 **거예요**.

2. 영원히 사랑할 **거예요**.

3. 내일부터는 달라질 **거예요**.

1. 우리의 추억을 잊지 못할 것이라는 다짐을 표현했어요.

2. 영원히 사랑하겠다는 의지가 담겨 있습니다.

3. 내일부터 달라지겠다는 각오를 밝히고 있지요.

사전 살펴보기

거

① '것'을 구어적으로 이르는 말. 서술격 조사 '이다'가 붙을 때에는 '거다'가 되고, 주격 조사 '이'가 붙을 때에는 '게'로 형태가 바뀐다.
• 네 거 내 거 따지지 말자.
• 지금 들고 있는 게 뭐냐?
• 뭘 먹지? 어제 저녁 식사 때 먹은 걸 먹자.

② '그거'의 준말.
• 거 좋은 생각이다.

것

① 사물, 일, 현상 따위를 추상적으로 이르는 말.
• 마실 것/먹을 것/좋은 것/큰 것/너는 웃는 것이 예쁘다.

② 사람을 낮추어 이르거나 동물을 이르는 말.
• 새파란 것이 어른에게 대든다.

③ 그 사람의 소유물임을 나타내는 말.
• 내 것은 만지지 마.

④ 말하는 이의 확신, 결정, 결심 따위를 나타내는 말.
• 분명, 좋은 책은 좋은 독자가 만드는 것이다.

⑤ 명령이나 시킴의 뜻을 나타내면서 문장을 끝맺는 말.
• 도시락은 각자 준비할 것

—에요

설명·의문의 뜻을 나타내는 종결어미.
• 그건 내가 한 게 아니에요.
• 그 아이는 읍내 중학교에 다니는 학생이에요.

꾀임 ✗ 꼬임 ○

> 친구들의 (**꾀임에** / **꼬임에**) 빠져 PC방을 들락거렸다.

유혹으로 잘못을 저지르는 경우 '꾀임에 빠졌다'고 하는 경우가 많은데 '꾀임'이 아니라 '꼬임'이 바른말입니다. '꼬임'의 준말인 '꾐'이라고 해도 되지요.

그럴듯한 말이나 행동으로 남을 속이거나 부추겨 자기 생각대로 끌다는 의미를 나타내는 단어는 '꾀이다'가 아니라 '꼬이다'이기 때문입니다. '꼬이다'의 준말이 '꾀다'이므로 '꼬이다', '꾀다' 어느 쪽으로 써도 돼요. 명사형은 '꼬이다 → 꼬임', '꾀다 → 꾐'이에요. 따라서 '꾀임'은 '꼬임' 또는 '꾐'의 잘못이 됩니다. '꼬시다'는 표현을 쓰기도 하는데 이는 '꾀다'를 속되게 이르는 말이에요.

⚠ 잘못 쓰기 쉬우니 주의해야 해요

1. 친구들의 꼬임에 빠져 PC방을 들락거렸다.

2. 친구들의 꾐에 빠져 피시방을 들락거렸다.

→ 1. 좋은 친구를 사귀어야 합니다. 친구를 잘못 사귀면 그 친구가 부추겨 좋지 않을 일을 할 수도 있거든요. 이처럼 친구가 부추기는 것을 일컫는 말은 '꾀임'이 아니라 '꼬임'입니다. 따라서 '꾀임에 빠져'가 아니라 '꼬임에 빠져'가 됩니다.

2. '꼬임'의 준말은 '꾐'입니다. 따라서 '꾀임에 빠져'가 아니라 '꾐에 빠져'가 바른 표현이 되지요.

재미있고 멋있게 사용하기

1. 놀러 가자고 친구를 **꼬였다**.
2. 남의 **꾐에** 말려들어서는 안 된다.
3. 장사꾼의 **꾐에** 넘어가 비싼 물건을 샀다.

1. 놀러 가자고 친구를 부추겼다는 뜻이지요.
2. 남의 사탕발림에 말려들어서는 안 된다는 의미입니다.
3. 장사꾼의 유혹에 넘어가 비싼 물건을 샀다는 말이에요.

사전 살펴보기

꼬이다
그럴듯한 말이나 행동으로 남을 속이거나 부추겨서 자기 생각대로 끌다. = 꾀다, 유도하다, 선동하다
- 그는 학교를 빼먹고 놀러 가자고 친구를 꼬였다.

- 친구가 날 꼬여서 내가 이 꼴이 됐구나 알았을 때에는, 그렇게도 친구가 밉더니…. 《황석영, 어둠의 자식들》
- 이튿날부터 애심이는 다시 옛 골목에 나가 서서 놈팡이를 꼬이기 시작했다. 《유재용, 성역》

날으는 새 나는 새

> **영희의 별명은 (날으는 / 나는) 작은 새다.**

어간의 끝소리가 'ㄹ'인 경우 '—ㄴ, —ㅂ니다' 앞에서 'ㄹ'이 탈락하는 현상이 일어납니다. '날다'의 경우 어간 '날—'에서 'ㄹ'이 탈락해 '나는, 납니다'가 되지요. 따라서 '날으는 작은 새'가 아니라 '나는 작은 새'로 표기해야 합니다. 그러나 뒤에 '—다, —고, —지, —면'으로 된 어미가 올 경우에는 '날고, 날지, 날면'처럼 'ㄹ'이 그대로 살아 있어요.

⚠️ 잘못 쓰기 쉬우니 주의해야 해요

1. 영희의 별명은 **나는** 작은 새다.

2. 이거 **팔면** 얼마 받을까요?

→ 1. 시를 보면 '날으는 새'처럼 '날으는'을 쓰는 경우가 많습니다. 그러나 '날으다'가 아니라 '날다'가 기본형이므로 '나는 새'가 바른 표현입니다. 시에서는 리듬감을 살리고 운율을 맞추기 위해 '날으는'으로 쓰는 경향이 있습니다. 시에서 이처럼 쓰이는 것을 '시적 허용'이라고 합니다. 시에서는 어느 정도 허용된다는 말이지요.

2. '나는'을 '날으는'으로 잘못 쓰는 것과 비슷한 유형이 '팔으면'입니다. 이 역시 '팔다'가 기본형이므로 '팔으면'이 될 수 없고 '팔면'이 맞는 말입니다. '열으면'은 '열면'이라고 해야 합니다.

재미있고 멋있게 사용하기

1. **나는** 새도 떨어뜨린다. 〔속담〕

2. 기는 놈 위에 **나는** 놈이 있다. 〔속담〕

3. **나는** 새도 깃을 쳐야 날아간다. 〔속담〕

1. 권세가 대단하여 모든 일을 제 마음대로 할 수 있는 상태를 비유적으로 이르는 말이에요. = 나는 새도 떨어뜨리고 닫는 짐승도 못 가게 한다.

2. 아무리 재주가 뛰어나다 하더라도 그보다 더 뛰어난 사람이 있다는 뜻. 스스로 뽐내는 사람을 경계하여 이르는 말입니다. = 뛰는 놈 위에 나는 놈 있다.

3. 아무리 재능이 많아도 노력을 하지 않으면 그 재능을 발휘할 수 없음을 비유적으로 이르는 말이에요. = 나는 새도 움직여야 난다.

사전 살펴보기

날다
① 공중에 떠서 어떤 위치에서 다른 위치로 움직이다.
= 비행하다
• 하늘에 기러기가 무리를 지어 난다.
• 거리에 흙먼지가 나니 눈을 뜰 수가 없다.

② 어떤 물체가 매우 빨리 움직이다.
• 도둑은 휙 날아서 담장을 넘었다.
• 총알택시를 타고 날면 30분도 안 걸린다.

③ '달아나다'를 속되게 이르는 말.
• 지금 이곳에서 날지 않으면 경찰에게 잡힐 것이다.
• 범인은 눈치를 채고 벌써 다른 곳으로 날았다.

달디달다 ✗ 다디달다 ○

다디단 아이스크림을 먹으면 스트레스가 풀린다.

> 배가 고프니 밥이 (달디달다 / 다디달다).

매우 달다는 뜻으로 '달디달다'를 쓰기 쉽지만 '다디달다'가 맞는 말입니다. '달디달다'에서 ㄹ이 탈락한 '다디달다'를 표준어로 삼고 있기 때문이지요. 아주 가늘고 작다는 뜻의 '자디잘다'도 마찬가지입니다. 어간의 끝 받침 'ㄹ'은 'ㄷ·ㅈ·아' 앞에서 줄지 않는 게 원칙인데, 관용상 ㄹ이 줄어진 형태가 굳어져 쓰이는 건 준 대로 적는다는 규정에 따른 것이에요.

⚠️ 잘못 쓰기 쉬우니 주의해야 해요

1. 배가 고프니 밥이 **다디달다**.

2. 글씨가 **자디잘아서** 읽기가 어렵다.

→ 1. 밥도 먹을 때마다 맛이 다릅니다. 배가 고플수록 더 맛있지요. 배가 아주 심하게 고프다면 밥이 달게 느껴질 것입니다. 이럴 쓰는 표현이 "밥이 다디달다"입니다. '달디달다'가 아니라 '다디달다'가 표준어입니다.

2. 글씨를 아주 작게 쓰면 읽기 어려우므로 적당한 크기로 쓰는 것이 좋습니다. 글씨가 작다면 '자디잘다'는 단어를 사용합니다. '잘디잘다'가 아니라 '자디잘다'가 바른말입니다. '자디잘아서', '자디잘고', '자디잘면' 등처럼 활용됩니다.

재미있고 멋있게 사용하기

1. 요즘 제철이라 복숭아가 **다디달다**.
2. **다디단** 아이스크림을 먹으면 스트레스가 풀린다.
3. 성격이 그렇게 **자디잘아서** 어디에 쓰겠느냐?

1. 복숭아가 아주 달다는 뜻이에요.
2. 아주 달콤한 아이스크림을 먹으면 정신적 피로가 풀린다는 말입니다.
3. 성격이 아주 좀스럽다는 의미지요.

사전 살펴보기

다디달다
① 매우 달다.
- 다디단 사탕
- 시장해서 그런지 식은 밥을 간장에 비벼 먹어도 밥이 다디달다.
② 베푸는 정 따위가 매우 두텁다. ↔ 쓰디쓰다
- 다디단 경험 ↔ 쓰디쓴 경험

자디잘다
① 아주 가늘고 작다. = 자질구레하다
- 글씨가 자디잘아서 읽기가 어렵다.
② 성질이 아주 좀스럽다.
- 어머니는 아들에게 남자가 그렇게 자디잘아서야 어디 쓰겠느냐고 꾸짖었다.
- 어딜 가나 그처럼 속이 틘길 못한 자디잔 사내만 보면 비록 나이론 어리대도 우스워 못 보겠더라는 거였다. ≪이문구, 장한몽≫

담궜다 ✗ 담갔다 ○

> **시원한 계곡물에 발을 (담궜다 / 담갔다).**

'담궈' 또는 '담궜다'고 쓰는 경우가 많지만 '담가' 또는 '담갔다'가 바른말이에요. '담구다'가 아니라 '담그다'가 기본형이기 때문이지요. '담구다'가 기본형이면 '담구+었다' 형태로 '담궜다'가 될 수 있지만 '담그다'가 기본형이므로 '담궜다'가 될 수 없습니다. '담그+았다'는 '그'에서 'ㅡ'가 탈락하고 '담갔다'가 됩니다. 따라서 '담구니, 담궈, 담궈서'는 모두 '담그니, 담가, 담가서'로 바꾸어야 해요.

⚠ 잘못 쓰기 쉬우니 주의해야 해요

1. 시원한 계곡물에 발을 담갔다.

2. 겨울을 준비하기 위해 김치를 담갔다.

→ 1. 여름에 시원한 계곡물에 발을 담그면 온몸이 다 시원해집니다. 이처럼 발을 물에 집어넣을 때는 '담궜다'가 아니라 '담갔다'고 해야 합니다. '담구다'가 아니라 '담그다'가 기본형이기 때문이지요.

2. 겨울이 되면 김치를 만들어 겨우내 먹어야 합니다. 이와 같이 재료를 가지고 김치를 만드는 것도 '담그다'는 단어를 활용해 '담갔다'고 합니다.

재미있고 멋있게 사용하기

1. 겨우내 먹을 김치를 **담갔다**.

2. 시냇물에 발을 **담그니** 시원하기 그지없다.

3. 우리 집은 직접 간장을 **담가** 먹는다.

---

1. 겨울 동안 먹을 김치를 만들었다는 뜻이지요.

2. 시냇물에 발을 집어넣으니 시원하다는 의미입니다.

3. 우리 집은 간장을 직접 제조해 먹는다는 말이에요.

사전 살펴보기

담그다

① 액체 속에 넣다.
- 시냇물에 발을 담그다
- 개구리를 알코올에 담가 두다
- 계곡물에 손을 담그니 시원하다.

② 김치·술·장·젓갈 따위를 만드는 재료를 버무리거나 물을 부어서 익거나 삭도록 그릇에 넣어두다. = 담다, 만들다
- 김치를 담그다.
- 매실주를 담그다.
- 된장을 담그다.
- 이 젓갈은 6월에 잡은 새우로 담가서 육젓이라고 한다.

그지없다 = 가없다, 무한하다, 한없다

① 끝이나 한량이 없다.
- 자식에 대한 부모의 사랑은 그지없다.

② 이루 다 말할 수 없다.
- 기쁘기가 그지없다.
- 민망하기 그지없다.

덤테기 ✕ 덤터기

> 엉뚱한 사람에게 (덤테기 / 덤터기) 씌우지 마라.

억울한 누명이나 오명을 남에게 넘겨씌우는 것이나 남에게서 넘겨받은 허물 또는 걱정거리를 가리키는 말은 '덤테기'가 아니라 '덤터기'입니다. 혹 '덤탱이'라고 하는 사람도 있는데 이 역시 잘못된 말로 '덤터기'가 올바른 말이에요.

⚠ 잘못 쓰기 쉬우니 주의해야 해요

1. 엉뚱한 사람에게 덤터기 씌우지 마라.

2. 음식을 먹고 계산하는 덤터기를 썼다.

→ 1. 자신의 잘못을 남에게 덮어씌우는 경우가 있습니다. 이렇게 하지 말라고 하는 경우 "덤터기 씌우지 마라"고 표현해야 합니다. '덤테기'가 아니라 '덤터기'가 바른말이지요.

2. 밥을 먹고 돈을 혼자 내는 부담을 떠안는 경우에도 '덤터기'라는 표현을 씁니다. '덤테기'가 아니라 '덤터기'가 바른말이므로 "덤터기를 썼다"고 하면 됩니다.

재미있고 멋있게 사용하기

1. 다른 사람에게 **덤터기를** 씌워서는 안 된다.
2. 그는 물건을 훔쳤다는 **덤터기를** 쓰고 쫓겨났다.
3. 남의 빚보증을 잘못 서는 바람에 **덤터기를** 썼다.

1. 다른 사람에게 부담을 주거나 누명을 씌워서는 안 된다는 뜻이에요.
2. 물건을 훔쳤다는 누명을 쓰고 쫓겨났다는 말입니다.
3. 빚보증을 잘못 서는 바람에 대신 빚을 떠안았다는 의미예요.

사전 살펴보기

덤터기

① 남에게 넘겨씌우거나 남에게서 넘겨받은 허물이나 걱정거리.
- 남의 빚보증을 잘못 서는 바람에 덤터기를 만나 남의 빚을 대신 갚아야 할 판이다.

② 억울한 누명이나 오명.
- 엉뚱한 사람에게 덤터기를 씌우지 마라.
- 그 종은 주인을 죽게 했다는 덤터기를 쓰고 죽임을 당했다.

데였다 ✗ 데었다 ○

> 물을 마시다 입천장을 (데였다 / 데었다).

불이나 뜨거운 기운으로 살이 상했을 경우 '데였다'고 하기 십상이나 '데었다'가 바른말입니다. '데이다'가 아니라 '데다'가 기본형이기 때문이지요. "국물을 떠먹다가 혀가 데였어"가 아니라 "국물을 떠먹다가 혀가 데었어"처럼 '데었어'로 표현해야 합니다. '데었어'의 준말이 '뎄어'이므로 '뎄어'로 해도 됩니다. '데다'는 '데니', '데어서' 등으로 활용돼요.

⚠ 잘못 쓰기 쉬우니 주의해야 해요

1. 물을 마시다 입천장을 **데었다**.

2. 끓는 물에 손을 **데었다**.

→ 1. 뜨거운 물을 마실 때는 입을 상하지 않도록 주의해야 합니다. 잘못하면 입천장에 상처를 입게 됩니다. 이처럼 뜨거운 것에 입천장이 상했을 때는 "입천장을 데었다"고 해야 합니다. '데이다'가 아니라 '데다'가 기본형이기 때문에 '데였다'가 아니라 '데었다'가 되는 것이지요.

2. 끓는 물에 손을 상하는 경우 역시 '데다'가 기본형이므로 "손을 데였다"가 아니라 "손을 데었다"고 해야 합니다.

재미있고 멋있게 사용하기

1. 사람한테 데일 만큼 **뎄다**.
2. 힘든 공부에 **데었는지** 집에 와서는 잠만 잔다.
3. **덴** 데 털 안 난다. 〔속담〕

1. 사람한테 당할 만큼 당했다는 뜻이에요.
2. 힘든 공부에 진저리가 났는지 잠만 잔다는 의미입니다.
3. 크게 덴 상처에는 털이 안 난다는 뜻으로, 한 번 크게 실패하면 다시 일어나기 어려움을 비유적으로 이르는 말이에요.

사전 살펴보기

데다
① 불이나 뜨거운 기운으로 말미암아 살이 상하다. 또는 그렇게 하다. =화상 입다
· 발이 뜨거운 국에 데었다.
· 화롯불에 손을 데었다.
② 몹시 놀라거나 심한 괴로움을 겪어 진저리가 나다. =몸서리치다

· 사람에 데다./술에 데다.
· 아이는 힘든 공부에 데었는지 집에 와서는 잠만 잔다.
③ 덴 가슴〔관용구〕 어떤 일에 한번 몹시 혼난 일이 있는 사람이 걸핏하면 병적으로 가슴을 두근거리며 겁냄을 비유적으로 이르는 말.
· 그렇지 않아도 험한 말에 덴 가슴인데 더 이상 말로 상처를 주지 마라.

뒤치닥거리 ✗ 뒤치다꺼리 ○

"(뒤치닥거리 / 뒤치다꺼리) 때문에 남아 있어요."

남의 자잘한 일을 이리저리 살펴 도와주는 것을 '뒤치닥거리'라고 쓰는 사람이 많으나 '뒤치다꺼리'가 맞는 말이에요. 그냥 '치다꺼리'라고 해도 되지요. '뒷바라지'를 연상해 '뒷치닥거리' '뒷치다꺼리'로 적는 경우도 있지만 거센소리인 'ㅊ'으로 시작하므로 사이시옷을 넣을 필요가 없답니다.

⚠ 잘못 쓰기 쉬우니 주의해야 해요

1. 뒤치다꺼리 때문에 남아 있어요.

2. 학생들 치다꺼리에 바쁘다.

→ 1. 무슨 일이든 끝나면 뒤에 남아서 정리할 일이 또 있게 마련이지요. 이를 지칭하는 말은 '뒤치다꺼리'입니다. '뒤치닥거리', '뒷치닥거리', '뒷치다꺼리' 등처럼 잘못 쓰는 경우가 많으니 주의해야 합니다.

2. 선생님들도 학생들의 수업과 관련해 성적 평가, 기타 서류 정리 등 할 일이 많습니다. 이럴 때 '뒤치다꺼리'를 써도 되고 그냥 '치다꺼리'라고 해도 됩니다. 둘은 비슷한 뜻의 말이에요.

재미있고 멋있게 사용하기

1. 애들 뒤치다꺼리에 정신이 없다.
2. 자식이 많으니 학비 뒤치다꺼리도 힘들다.
3. 회의가 끝난 뒤 뒤치다꺼리를 하려고 늦게까지 남았다.

1. 부모가 애들을 보살피는 일에 바쁘다는 뜻이지요.
2. 자식이 많다보니 학비를 마련하느라 고생하고 있다는 말입니다.
3. 회의 뒤 필요한 일들을 마무리하려고 늦게까지 남았다는 의미로 사용됐어요.

사전 살펴보기

뒤치다꺼리
① 뒤에서 일을 보살펴서 도와주는 일. = 치다꺼리, 뒷바라지
· 동생이 방을 어질러놓으면 나는 뒤치다꺼리를 하기 바쁘다.
· 우리가 초등학교 다닐 때는 할머니께서 우리의 뒤치다꺼리를 해주셨다.

② 일이 끝난 뒤에 뒤끝을 정리하는 일. = 뒷수쇄
· 손님이 간 뒤 뒤치다꺼리를 하다.
· 닷새 동안의 시간을 밤낮없이 지배하던 유해가 떠난 후의 공허함은 많은 뒤치다꺼리가 남아 있음에도 불구하고 안상제들을 어쩔 줄을 모르게 만들었다. ≪박완서, 그 많던 싱아는 누가 다 먹었을까≫

들어나다 드러나다

> **철수의 거짓말이 (들어났다 / 드러났다).**

알려지지 않은 사실이 널리 밝혀지거나 가려 있거나 보이지 않던 것이 보이게 되는 것을 의미하는 말은 '들어나다'가 아니라 '드러나다'입니다. "진실은 반드시 드러난다", "그의 말은 거짓으로 드러났다", "어깨가 드러난 옷을 입었다" 등처럼 쓰이지요.

⚠ 잘못 쓰기 쉬우니 주의해야 해요

1. 철수의 거짓말이 드러났다.

2. 드러난 사실만으로도 처벌이 가능하다.

→ 1. 거짓말은 결국 들통이 나게 마련이지요. 거짓말이 들통 나는 경우 "거짓말이 들어났다"고 하기 쉽지만 "거짓말이 드러났다"가 바른 표현입니다. '들어나다'가 아니라 '드러나다'가 기본형이고 과거형은 '드러났다'입니다.

2. '들어나다'가 아니라 '드러나다'가 기본형이므로 '들어난'이 아니라 '드러난'이라고 해야 합니다. '드러나', '드러나니' 등처럼 활용됩니다.

재미있고 멋있게 사용하기

1. 사건의 전모가 **드러났다**.
2. 여름옷이지만 어깨가 너무 **드러난다**.
3. **드러난** 상놈(백성)이 울 막고 살랴. (속담)

1. 사건의 전체 모습이 밝혀졌다는 뜻이에요.
2. 옷 밖으로 어깨가 너무 많이 보인다는 의미입니다.
3. 아무것도 없음을 세상이 다 아니 구태여 가난한 것을 남부끄럽게 여길 것이 아니라는 말이에요.

사전 살펴보기

드러나다
① 가려 있거나 보이지 않던 것이 보이게 되다. = 보이다, 나타나다 ↔ 사라지다
- 구름이 걷히자 산봉우리가 드러났다.
- 썰물 때는 드넓은 갯벌이 드러난다.
② 알려지지 않은 사실이 널리 밝혀지다. = 들통나다, 발각되다
- 진실은 반드시 드러난다.
- 경찰은 누구든 혐의가 드러날 경우 엄중 처벌하겠다고 밝혔다.

③ 겉에 나타나 있거나 눈에 띄다.
- 떳떳지 못한 소실의 집답게 마을에서 떨어진 외딴 집일망정 알뜰히 가꾸고 정을 쏟은 티가 고스란히 드러나 보이는 집이었다. ≪박완서, 미망≫
④ 다른 것보다 두드러져 보이다.
- 동영의 물음이 신상에 미치자 그녀의 얼굴에는 드러나게 경계의 표정이 어렸다. 그 바람에 한동안 숟갈질만 하던 동영은 잠시 뒤에 화제를 바꾸었다. ≪이문열, 영웅시대≫

들여마시다 × 들이마시다 ○

공기를 깊이 들이마셔라.

> 숨을 깊이 (들여마셔라 / 들이마셔라).

물이나 술 등을 목구멍으로 마구 넘기거나 목구멍 안으로 빨아들이는 것을 '들여마시다'고 하는 경우가 많지만 '들이마시다'가 바른말이에요. '들이마셔, 들이마시니, 들이마시고' 등으로 활용됩니다. 따라서 "국물을 들여마셔라"가 아니라 "국물을 들이마셔라"고 해야 하지요.

⚠ 잘못 쓰기 쉬우니 주의해야 해요

1. 숨을 깊이 들이마셔라.

2. 오염된 먼지를 많이 들이마셔 폐가 나빠졌다.

→ 1. 긴장이 되는 경우 숨을 깊이 들이쉬면 도움이 된다고 합니다. 이런 경우 "숨을 깊이 들여마셔라"고 하기 쉽지만 "숨을 깊이 들이마셔라"가 바른 표현입니다. '들여마시다'가 아니라 '들이마시다'가 기본형이기 때문입니다.

2. 오염된 공기를 많이 마시면 폐에 좋지 않은 영향을 미칩니다. 이럴 때도 '먼지를 들여마셔'라고 하기 십상이지만 '먼지를 들이마셔'가 바른 표현입니다.

1. 산 정상에 오르면 신선한 공기를 **들이마셔라**.
2. 물을 천천히 **들이마셔라**.
3. 냉수를 벌컥벌컥 **들이마셨다**.

1. 숨을 크게 쉬면서 공기를 코로 빨아들이라는 뜻이지요.
2. 물을 천천히 목구멍으로 넘기라는 말입니다.
3. 시원한 물을 벌컥벌컥 목구멍 안으로 빨아들였다는 의미예요.

들이마시다
① 물이나 술 따위를 목구멍 안으로 빨아들이다. = 흡입하다, 마시다, 들이켜다
• 그는 달리기를 한 후에 물 한 컵을 단숨에 들이마셨다.
• 그는 금욕을 위해 고행하는 사람의 심정이 되어가지고 맛없고 뜨겁기만 한 차만 홀짝홀짝 들이마셨다. 《최상규, 신지 군》

② 공기나 냄새 따위를 입이나 코로 빨아들이다.
• 오염된 먼지를 많이 들이마셔 폐가 나빠졌다.
• 음력으로 초열흘부터 보름까지 닷새 동안 달이 만삭처럼 둥그렇게 부풀어 오를 때, 갓 떠오르는 달을 맞바라보고 서서 숨을 크게 들이마셔, 우주의 음기를 생성해 주는 달의 기운을 몸속으로 빨아들이는 일을 말했다. 《최명희, 혼불》

말빨 ✕   말발 ○

> 그 친구는 (말빨 / 말발)이 엄청 세다.

듣는 이로 하여금 그 말을 따르게 하는 말의 힘을 일컬어 '말빨'이라고 많이 부르지만 적을 때는 '말발'로 해야 합니다. 발음은 [말빨]로 나지만 '말발'이 정확한 낱말이에요. "김제동, 강호동은 말발이 센 연예인이다"처럼 사용해요. '글빨, 약빨, 화장빨' 등도 '글발, 약발, 화장발' 등으로 표기해야 합니다.

⚠️ 잘못 쓰기 쉬우니 주의해야 해요

1. 그 친구는 말발이 엄청 세다.
2. 아무리 얘기해도 말발이 서지 않았다.

→ 1. 내가 하는 말이 남들에게 잘 먹힌다면 얼마나 좋을까요. 이럴 때 쓰는 말이 "말발이 세다"입니다. 발음을 '말빨'이라고 하는 경우가 많기 때문에 발음을 따라 '말빨'이라고 적기 쉽지만 '말발'이 바른말입니다.

2. 내가 하는 말이 남들에게 먹히지 않는다면 많은 실망감을 느끼게 됩니다. 이럴 때 쓰는 표현이 "말발이 서지 않는다"입니다. 이 역시 '말빨'로 쓰지 않도록 유의해야 합니다.

1. 동생들한테도 **말발이** 서지 않았다.
2. 죽을 각오로 **말발을** 세웠다.
3. 그 여자 얼굴은 다 **화장발이다**.

1. 동생들에게 하는 말이 먹혀들지 않았다는 뜻이에요.
2. 죽을 각오로 주장을 굽히지 않았다는 의미입니다.
3. 원래 얼굴이 아니라 화장을 해서 예뻐 보인다는 말이에요.

말발
① 듣는 이로 하여금 그 말을 따르게 할 수 있는 말의 힘.
- 태어날 때부터 관중의 운명을 타고난 것처럼 얼빠진 계집애들을 말발 하나로 자유자재로 조종하던 구주현의 단골 다방이었다. ≪박완서, 도시의 흉년≫
② 말발(이) 서다(관용구) 말하는 대로 시행이 잘되다.
- 나부터가 이렇게 나와서 사니까 고향엘 가도 동생들한테 말발이 서지를 않습니다. ≪한수산, 부초≫
③ 말발을 세우다(관용구) 주장을 굽히지 않다.
- 죽을 각오로 말발을 세우는 자는 아무리 소수라 해도 두려운 법이다.

약발
겉으로 나타나는 약의 효험.
- 약발이 받다.
- 약발이 듣다.

맨얼굴 ✕   민얼굴 ○

> 시간이 없어 그냥 (맨얼굴 / 민얼굴)로 나왔다.

화장을 하지 않은 여자의 얼굴을 가리킬 때 '맨얼굴'이라고 하는 사람이 많지만 '민얼굴'이 바른말입니다. '민얼굴'은 '민낯'이라 부르기도 해요.

'맨―'은 '다른 것이 없는'의 뜻을 더하는 접두사입니다. '맨몸, 맨주먹' 등처럼 쓰이지요. '민―'은 '꾸미거나 딸린 것이 없는'의 뜻을 더하는 접두사입니다. '민돗자리, 민저고리' 등과 같이 사용돼요. '얼굴'의 경우 '맨―'을 붙여 쓸 수 있을 것도 같지만 '다른 것이 없다'기보다 '꾸민 것이 없다'는 점에서 '맨―'보다 '민―'이 어울리므로 '맨얼굴'이 아니라 '민얼굴'이 된 것이에요.

⚠ 잘못 쓰기 쉬우니 주의해야 해요

1. 시간이 없어 그냥 **민얼굴로** 나왔다.

2. **민얼굴이** 도리어 깔끔해 보였다.

→ 1. 시간이 촉박한 경우 화장을 하지 않고 그냥 밖에 나가는 경우도 있습니다. 이처럼 꾸미지 않은 얼굴을 얘기할 때 '맨얼굴'이라는 말을 많이 쓰지만 '민얼굴'이 바른말이에요.

2. 화장을 진하게 한 것보다 화장을 전혀 하지 않은 것이 오히려 매끈하고 깨끗해 보이는 사람도 있습니다. 이럴 때 "민얼굴이 도리어 깔끔해 보인다"고 표현할 수 있지요.

재미있고 멋있게 사용하기

1. 되도록 **민얼굴로** 다니지 않으려고 한다.
2. **민얼굴로도** 나이를 가늠하기 어려웠다.
3. **민낯으로** 다녀도 얼굴이 참 고왔다.

1. 가능하면 화장을 하지 않은 얼굴로 다니지 않겠다는 말이에요.
2. 화장을 하지 않았는데도 나이를 분간하기 어렵다는 뜻입니다.
3. 꾸미지 않고 다녀도 얼굴이 고왔다는 의미예요.

사전 살펴보기

민얼굴
꾸미지 않은 얼굴. = 민낯
· 하긴 성적을 하면 색시의 얼굴이 좀 변하기도 합니다. 도리어 민얼굴로 볼 제가 좀 더 훨씬 나을지도 모르지요. ≪김유정, 아기≫

민낯
화장을 하지 않은 얼굴.
· 민낯으로 다녀도 얼굴이 고운 여자

몇일 ✕ 며칠 ○

> **시험이 (몇일 / 며칠) 남았지?**

'그달의 몇째 되는 날'이나 '몇 날'이라는 뜻으로 쓰이는 말은 '몇일'이 아니라 '며칠'이에요. '며칠'은 '몇'과 '일(日)'이 결합한 '몇일'이 맞는다고 생각하기 쉽습니다. 그러나 '며칠'은 '몇+일'로 이루어진 낱말이 아니랍니다.

맞춤법에선 "둘 이상의 단어가 어울려 이뤄진 말은 각각 그 원형을 밝혀 적되 어원이 분명치 않은 것은 원형을 밝혀 적지 않는다"는 규정에 따라 '몇 일'이 아니라 '며칠'을 표준어로 삼고 있어요.

⚠ 잘못 쓰기 쉬우니 주의해야 해요

1. 시험이 **며칠** 남았지?

2. 이게 **며칠** 만이지?

→ 1. 시험이 다가올수록 초조해지게 마련입니다. 그래서 날짜가 얼마나 남았는지 자꾸만 따져보게 되지요. 이때 "시험이 몇일 남았지?"처럼 '몇일'로 쓰기 쉬우나 '며칠'이 바른말이므로 "시험이 며칠 남았지?"라고 해야 합니다.

2. 오랜만에 만난 경우 "이게 몇일 만이지"처럼 '몇일'이라고 적는 사람이 많으나 '며칠'이 바른말입니다.

재미있고 멋있게 사용하기

1. 결혼식이 몇 월, **며칠**, 몇 시인가요?

2. **며칠** 동안 아무 말이 없었다.

3. 그 일은 **며칠이나** 걸리겠니?

---

1. 결혼식의 정확한 날짜와 시간을 묻고 있어요.

2. 여러 날 동안 전혀 말이 없었다는 뜻입니다.

3. 그 일을 하는 데 몇 날이나 걸리는지 묻는 말이에요.

사전 살펴보기

며칠

① 그달의 몇째 되는 날.
- 오늘이 며칠이지?

② 몇 날.
- 그는 며칠 동안 도대체 아무 말이 없었다.
- 지난 며칠 동안 계속 내리는 장맛비로 개천 물은 한층 불어 있었다. 《최인호, 지구인》

몇

① (흔히 사람을 뜻하는 명사 뒤에 쓰여) 그리 많지 않은 얼마만큼의 수를 막연하게 이르는 말(수사).
- 이 문제는 너희들 몇의 문제가 아니다.

② (주로 의문문에 쓰여) 잘 모르는 수를 물을 때 쓰는 말(수사).
- 2에다 3을 더하면 몇이 됩니까?

③ 뒤에 오는 말과 관련된, 그리 많지 않은 얼마만큼의 수를 막연하게 이르는 말(관형사).
- 친구 몇 명이 함께 어울려 지낸다.

④ (흔히 의문문에 쓰여) 뒤에 오는 말과 관련된 수를 물을 때 쓰는 말(관형사).
- 나이가 몇 살이냐?

모자른다 ✕ 모자란다 ◯

일은 많은데 손이 모자란다.

> 학생들은 늘 잠이 (**모자른다** / **모자란다**).

"잠이 모자른다"처럼 '모자른다'고 말해본 적이 있을 거예요. 그러나 '모자란다'가 바른말입니다. '모자르다'가 아니라 '모자라다'가 기본형이기 때문이지요. '모자라다'는 기준이 되는 양이나 정도에 미치지 못하다는 뜻입니다. '모자라', '모자라니', '모자라서' 등으로 활용돼요.

⚠️ 잘못 쓰기 쉬우니 주의해야 해요

1. 학생들은 늘 잠이 **모자란다**.

2. 좀 **모자라** 보이는 아이를 잘 보살펴야 한다.

→ 1. 낮에는 학교에 가고, 밤에는 다시 학원에 가고, 또 밤늦게까지 공부를 하다 보니 대부분 학생이 잠이 부족해 고생하고 있습니다. 이런 때에 "잠이 모자른다"고 표현하기 십상인데 "잠이 모자란다"가 바른말입니다. '모자르다'가 아니라 '모자라다'가 기본형이기 때문이지요.

2. 지능이 정상인에 미치지 못하는 사람이 간혹 있을 수도 있습니다. 이런 사람을 가리킬 때도 '모자라다'는 낱말이 쓰이지요. '좀 모자라 보이는 아이'가 이러한 예입니다. '좀 모잘라 보이는 아이'처럼 '모잘라'로 쓰지 않도록 유의해야 합니다.

재미있고 멋있게 사용하기

1. 일은 많은데 손이 **모자란다**.
2. 그 친구는 순진한 것인지 **모자라는** 것인지 알 수 없다.
3. 그 환자는 피가 **모자라** 수시로 수혈을 해야 한다.

1. 사람이 없어 손이 부족하다는 뜻이에요.
2. 순진한 것인지 지능이 떨어지는 것인지 모르겠다는 말입니다.
3. 피가 부족해 늘 피를 보충해야 한다는 의미예요.

사전 살펴보기

모자라다
① 기준이 되는 양이나 정도에 미치지 못하다. = 부족하다, 못 미치다 ↔ 남다, 넉넉하다, 충분하다
- 천 원이 모자라다.
- 그 환자는 피가 모자라 수시로 수혈을 해야 한다.
- 아이들이 나날이 커가니 사실 두 애를 먹이기에 젖이 모자라기도 하였다. ≪염상섭, 부성애≫

② 지능이 정상적인 사람에 미치지 못하다.
- 경순이가 히죽거리며 손을 내밀었다. 지능이 모자라 가뜩이나 어려 보이는 얼굴이 웃으니까…. ≪박완서, 미망≫

발자욱 ✗   발자국 ○

> 다리를 다쳐 한 (발자욱 / 발자국)도 움직이기 힘들다.

발로 밟은 자리에 남은 모양을 나타내거나 발을 한 번 떼어놓는 걸음을 세는 단위는 '발자욱'이 아니라 '발자국'이에요. 음악이나 시에서 '발자욱'이란 말이 쓰이는 경우가 있지만 표준어가 아니므로 '발자국'으로 바꾸어야 합니다. 노래 제목에 쓰인 '첫 발자욱', '하얀 발자욱', '슬픈 발자욱'은 모두 '발자국'이 맞는 말이지요.

⚠ 잘못 쓰기 쉬우니 주의해야 해요

1. 다리를 다쳐 한 **발자국도** 움직이기 힘들다.
2. 하얀 눈 위에 사람의 **발자국이** 나 있었다.

→ 1. 다리를 다치면 무엇보다 걷기가 힘듭니다. 심하면 한 걸음도 옮기기가 어렵지요. 이럴 때 "한 발자국도 움직이기 힘들다"는 표현을 씁니다. 이때 '발자욱'은 표준어가 아니므로 '발자국'이라고 해야 합니다.

2. 하얀 눈 위에는 사람이 발로 밟은 자리에 남은 모양이 더욱 선명하게 나타나게 마련이지요. 이럴 때 '발자욱'이라는 단어를 쓰기 쉽지만 '발자국'이 바른말입니다. 노래 가사에도 '발자욱'이란 단어가 많이 나오지만 '발자욱'은 '발자국'의 사투리입니다.

1. 한 **발자국** 뒤로 물러서라.
2. 짐승의 **발자국이** 몇 개 나 있었다.
3. 사람의 **발자국** 하나 없는 하얀 눈길이었다.

1. 한 걸음 뒤로 물러서라는 말이에요.
2. 짐승이 발로 밟은 자리에 나타난 모양이 몇 개 있었다는 뜻입니다.
3. 사람이 발로 밟은 흔적이 전혀 없는 하얀 눈길이었다는 의미예요.

발자국
① 발로 밟은 자리에 남은 모양. = 자국
- 깨끗한 벽이 발자국으로 더럽혀졌다.
- 사냥꾼은 노루의 발자국을 따라 노루를 추격해 갔다.
- 깊은 밤 골목길은 사람의 발자국 하나 없는 하얀 눈길이었다. ≪한무숙, 어둠에 갇힌 불꽃들≫

② 발을 한 번 떼어 놓는 걸음을 세는 단위.
- 한 발자국도 움직일 수 없다.

본대없는 × 본데없는 ○

(본대없이 / 본데없이) 자란 사람같이 굴어선 안 된다.

보고 배운 것이 없거나 행동이 예의범절에 어긋나는 데가 있다는 뜻으로 '본대없다'는 말을 쓰기 쉬우나 '본데없다'가 바른말이에요. "본데없는 놈 같으니라고"처럼 쓰입니다. '본떼없다' 역시 '본데없다'로 바꾸어야 해요.

'본데'와 비슷한 낱말로 '본때'도 있어요. 본보기가 될 만한 사물이나 사람의 됨됨이를 뜻하는 말로 '본때 있는 집안'처럼 쓰입니다. '본때(가) 나는 옷'처럼 맵시나 모양새를 의미하기도 해요.

⚠ 잘못 쓰기 쉬우니 주의해야 해요

1. **본데없이** 자란 사람같이 굴어선 안 된다.
2. **본데없이** 보이건 말건 상관하지 않겠다.

→ 1. 제대로 보고 배운 것이 없는 사람처럼 예의범절에 어긋나는 행동을 해서는 곤란하겠지요. 이런 사람을 가리켜 '본데없이 자란 사람'이라고 합니다. '본데없이'를 '본대없이'로 쓰지 않도록 주의해야 합니다.

2. 마구 행동함으로써 보고 배운 것이 없어 보인다는 뜻으로는 '본데없이 보이다'는 표현을 씁니다. 이 역시 '본대없이'라 쓰지 않도록 유의해야 합니다.

재미있고 멋있게 사용하기

1. 그러면 **본데없이** 자란 사람이란 인상을 남긴다.
2. 상도가 오래 시골 무지한 어미 아래서 자라나서 **본데가** 없어 그렇다는 의미였으나….
3. 우리도 남들처럼 **본때** 있게 살아보자.

1. 보고 배운 것이 없이 자란 사람을 뜻해요.
2. '본데가 없어'는 예의범절이나 지식을 갖추지 못한 상태를 의미합니다. ≪한설야, 탑≫
3. 본보기가 되거나 내세울 만한 게 있게 살아보자는 말입니다. '본때'는 본보기로 할 만한 데가 있다는 의미예요.

사전 살펴보기

본데없이
보고 배운 것이 없이. 또는 행동이 예의범절에 어긋나게.
- 본데없이 자란 놈이기 때문에 행동이 그 모양이지.
- 빨리 한술 뜨고 그 자리를 면하는 게 수다 싶어 본데없이 보이건 말건 어른이 수저도 들기 전에 밥을 먹기 시작했다. ≪박완서, 미망≫

본데 = 본때, 됨됨이, 교양
보아서 배운 범절이나 솜씨 또는 지식.
- 본데가 있는 사람.

본때
① 본보기가 되거나 내세울 만한 것. = 됨됨이, 본데, 교양
- 그 사람은 본때 있는 집안에서 자라났다.
② 맵시나 모양새.
- 무난히 면장 감투는 도로 정 참봉에게 돌아왔던 것이다. 3년 전에 자기를 밀어낸 그 갚음을 본때 좋게 하고야 만 것이었다. ≪하근찬, 야호≫
③ 본때(가) 있다(관용구) 본보기로 할 만한 데가 있다. 멋이 있다.

본따다 ✕ 본뜨다

 아이들은 부모의 행동을 (본따게 / 본뜨게) 마련이다.

무엇을 본보기로 삼아 그대로 좇아 하는 경우가 많습니다. 이럴 때 '본따다'를 활용한 '본따게', '본따니', '본따' 등의 표현을 쓰기 십상입니다. 그러나 '본뜨다'가 기본형이므로 '본뜨게', '본뜨니', '본떠'라고 해야 하지요.

⚠ 잘못 쓰기 쉬우니 주의해야 해요

1. 아이들은 부모의 행동을 **본뜨게** 마련이다.

2. 원본을 **본떠** 가짜 작품을 만들었다.

→ 1. 아이들은 부모의 행동을 따라 하게 마련이지요. 따라서 부모들은 아이들 앞에서 특히 행동을 조심해야 합니다. 이처럼 행동을 그대로 따라 하는 경우 "행동을 본뜨게 마련이다"고 표현해야 합니다. 이때 '본뜨게'를 '본따게'로 쓰지 않도록 유의해야 합니다.

2. 원본을 베껴서 가짜 작품을 만든 경우 '원본을 본따'가 아니라 '원본을 본떠'라고 해야 합니다. '본따다'가 아니라 '본뜨다'가 바른말이기 때문입니다. '본뜨다'는 '본떠', '본뜨니', '본뜨면' 등으로 활용됩니다.

재미있고 멋있게 사용하기

1. 너희들은 훌륭한 사람을 **본뜨도록** 해라.
2. 남의 작품을 **본떠** 그린 그림은 예술적 가치가 없다.
3. 서울의 독립문은 파리의 개선문을 **본떴다**.

1. 훌륭한 사람을 따라 배우도록 하라는 말이에요.
2. 남의 작품을 보고 베껴서 그린 그림은 예술적 가치가 없다는 것을 뜻합니다.
3. 파리의 개선문을 본보기로 삼았다는 의미예요.

사전 살펴보기

본뜨다

① 무엇을 본보기로 삼아 그대로 좇아 하다. = 본받다, 닮다
 • 너희는 훌륭한 사람을 본뜨도록 해라.

② 이미 있는 대상을 본으로 삼아 그대로 좇아 만들다. = 모방하다
 • 봉황을 본뜬 무늬
 • 백제 고분 양식을 본떴다.

뵈요 ✗   봬요 ○

> **수고 많으셨습니다. 내일 (뵈요 / 봬요).**

"내일 뵈요"라고 적는 사람이 많습니다. 그러나 "내일 봬요"가 맞는 말이에요. "눈에 뵈는 게 없다"처럼 '보다'의 피동, 사동 형태인 '보이다'의 준말로 '뵈다'가 쓰입니다. "선생님을 뵈러 왔습니다"와 같이 '웃어른을 대하여 보다'의 뜻으로도 사용되지요. '뵈다'는 '뵈고, 뵈니, 뵈어(봬), 뵈어도(봬도), 뵈어서(봬서), 뵈었다(뵀다)' 등으로 활용돼요.

문제는 '—요'가 붙을 때입니다. '—요'는 "밥을 먹어요(먹요×)", "그럼 내일 봐요(보요×)"처럼 용언과 어울릴 땐 어간에 바로 붙지 못하고 어미 '어'가 추가돼요. 따라서 '뵈—' 뒤에는 곧바로 '요'가 붙지 못하고 '뵈어'가 된 뒤에야 '요'와 결합할 수 있어요. 이 '뵈어요'가 줄어들면 '봬요'가 되지요.

⚠️ 잘못 쓰기 쉬우니 주의해야 해요

1. 수고 많으셨습니다. 내일 **봬요**.

2. 어머님을 **봬서** 마음이 놓인다.

→ 1. 내일 보자는 인사를 전할 때 "내일 뵈요", "내일 봬요" 어떤 표현이 맞는지 궁금해하는 사람이 많습니다. '먹다'가 '먹어요'가 되듯이 '뵈다'가 '뵈어요'가 되고, 이것이 줄어서 '봬요'가 됩니다. '뵈어요=봬요'라는 사실을 기억하면 도움이 되지요.

2. '어머님을 봬서'라고 할 때 역시 '뵈어서'가 줄어 '봬서'가 되므로 '뵈서'가 아니라 '봬서'로 적어야 합니다.

재미있고 멋있게 사용하기

1. 오랜만에 선생님을 **뵀다**.
2. 눈치가 **봬** 오래 있을 수 없었다.
3. 휴대전화의 새로운 모델 **선봬**.

1. 오랜만에 선생님에게 인사를 드렸다는 뜻이에요.
2. 눈치가 보여 오래 있을 수 없었다는 말입니다.
3. 새로운 모델이 선을 보였다는 뜻이지요. '선뵈'로 쓰지 않도록 유의해야 합니다.

사전 살펴보기

보다

① 눈으로 대상의 존재나 형태적 특징을 알다.
- 잡지에서 난생처음 보는 단어를 발견하였다.

② 눈으로 대상을 즐기거나 감상하다.
- 그는 텔레비전을 보다가 잠이 들었다.

③ 책이나 신문 따위를 읽다.
- 여가 시간에는 책을 보는 습관을 들이는 것이 좋다.

④ 일정한 목적 아래 만나다.
- 맞선을 보다
- 나 좀 잠깐 볼 수 있을까?

⑤ 어떤 일을 맡아 하다.
- 사무를 보다.

⑥ 무엇을 바라거나 의지하다.
- 사람을 보고 결혼해야지 재산을 보고 결혼해서야 되겠니?

부화가 나다 ✕ 부아가 나다 ○

> 자기 학교 자랑을 하는 친구를 보니 은근히 (부화 / 부아)가 났다.

노엽거나 분한 마음이 생길 때 "부화가 났다"고 말하는 것을 들은 적이 있을 거예요. 화(火)가 나니까 '부화'가 맞는 표현이라고 생각하기 쉽지요. 그러나 '부화'가 아니라 '부아'가 맞는 말입니다. '부아가 나다', '부아를 내다', '부아를 돋우다', '부아가 치밀다' 등처럼 쓰여요.

⚠ 잘못 쓰기 쉬우니 주의해야 해요

1. 자기 학교 자랑을 하는 친구를 보니 은근히 부아가 났다.

2. 나는 끓어오르는 부아를 꾹 참았다.

→ 1. 남의 얘기를 듣다 보면 은근히 화가 나는 경우가 많습니다. 이때 '화가 나다'는 말에 이끌려 '부화가 났다'고 표현하기 쉬운데 '부아가 났다'가 바른말입니다. '부아'는 노엽거나 분한 마음을 뜻하는 낱말이에요.

2. 끓어오르는 분한 마음을 참는 경우에도 '부화를 참았다'가 아니라 '부아를 참았다'고 해야 합니다.

1. 분한 마음에 **부아가** 치밀어 올랐다.
2. 그 얘기를 듣고 **부아가** 뒤집혔다.
3. **부아가** 상투 끝까지 치밀어 올랐다. 〔관용구〕

1. 분한 마음에 화가 몹시 났다는 뜻이에요.
2. 그 얘기를 듣고 분한 마음이 강하게 일어났다는 말입니다.
3. 화가 몹시 치밀어 오른다는 의미예요.

부아
① 노엽거나 분한 마음. = 분, 화
· 부아를 내다.
· 부아를 돋우다.
· 내가 왜 아버지의 명에 이토록 꼼짝달싹을 못할까를 생각하니 은근히 부아가 끓었다. ≪김원일, 노을≫
②『의학』= 허파.

(눈을) 불알이다 ✗ 부라리다 ○

눈을 부라리고 있는 도깨비탈.

> 왜 눈을 (불알이고 / 부라리고) 있어?

(주로 '눈알, 눈' 등과 함께 쓰여) 눈을 크게 뜨고 눈망울을 사납게 굴리다는 뜻의 단어는 '불알이다'가 아니라 '부라리다'입니다. 화가 났을 때 눈에 나타나는 표정이지요. '부라리다'가 기본형이므로 '불알이고, 불알이면, 불알이니' 등은 '부라리고, 부라리면, 부라리니'로 고쳐야 합니다.

⚠ 잘못 쓰기 쉬우니 주의해야 해요

1. 왜 눈을 부라리고 있어?

2. 눈을 부라리고 다니지 마라.

→ 1. 화가 났을 때는 누구나 눈을 크게 뜨고 사납게 보이기 마련이지요. 이럴 때 쓰는 표현이 '눈을 부라리다'입니다. '불알이다'로 쓰는 사람이 있으나 '부라리다'가 맞는 말입니다.

2. 화가 난다고 해서 눈망울을 사납게 굴리면서 다니면 곤란하겠지요. 이럴 때 "눈을 부라리고 다니지 마라"고 표현합니다. '불알이고'가 아니니 유의해야 합니다.

재미있고 멋있게 사용하기

1. 그는 눈알을 **부라리며** 대들었다.

2. 눈을 **부라리면서** 쌍욕을 해댔다.

3. 아버지는 어디서 감히 눈을 **부라리느냐며** 호통을 치셨다.

1. 눈을 크게 뜨고 사납게 대들었다는 뜻이에요.

2. 눈을 사납게 굴리면서 욕을 해댔다는 말입니다.

3. 어디서 감히 눈을 사납게 뜨고 있느냐고 혼을 내셨다는 의미예요.

사전 살펴보기

부라리다

눈을 크게 뜨고 눈망울을 사납게 굴리다. = 부릅뜨다, 휩뜨다, 치뜨다

- 그는 눈알을 부라리며 대들었다.
- 아버지는 어디서 감히 눈을 부라리냐며 아들에게 호통을 치셨다.
- 녀석은 두 눈을 부라려 밝히며 당장 한 대 갈길 듯이 노려보았다. ≪이문구, 장한몽≫

부릅뜨다

무섭고 사납게 눈을 크게 뜨다.

- 두 눈을 부릅뜨고 호통을 치다.

치뜨다

눈을 위쪽으로 뜨다.

- 눈을 치뜨고 올려다보다.

사겨 × 사귀어 ○

> **너희 둘이 혹시 (사겨 / 사귀어)?**

인터넷 댓글이나 문자 메시지를 보면 "너희 둘이 혹시 사겨"라는 말이 종종 나옵니다. 그러나 '사겨'는 잘못된 표현이에요. 사귀고 있는지 묻고 싶다면 '사귀다'의 어간 '사귀'에 의문형 어미 '어'가 붙어 이루어진 '사귀어'라고 해야 합니다. '사귀다'는 '사귀니', '사귀고' 등으로 활용됩니다.
'사귀어'의 준말이 '사겨'라고 생각할 수도 있지만 우리말에서는 'ㅟ'와 'ㅓ'를 줄일 수 없어요. '바뀌어'도 '사귀어'와 마찬가지로 '바껴'로 쓰면 틀린 말이 된답니다.

⚠ 잘못 쓰기 쉬우니 주의해야 해요

1. 너희 둘이 혹시 사귀어?

2. 그는 머리 모양이 바뀌어 있었다.

→ 1. 둘이 사귀는지 물어볼 경우 "둘이 사겨?"라고 하기 쉽습니다. 그러나 '사겨'가 아니라 '사귀어'라고 해야 합니다. '사귀다'의 어간 '사귀'에 '어'가 붙어 '사귀어'가 되지요. 말할 때는 '사겨' 비슷하게 발음하지만 정확하게는 '사귀어'이므로 유의해야 합니다.

2. '모양이 바껴' 역시 '바껴'가 아니라 '바뀌어'로 표기해야 합니다. '바끼다'가 아니라 '바뀌다'가 기본형이고 어간인 '바뀌'에 '어'가 붙으면 '바뀌어'가 되지요.

재미있고 멋있게 사용하기

1. 우리 한번 **사귀어볼래**?

2. **사귀어보니** 매력 덩어리더라.

3. 비밀번호가 나도 모르게 **바뀌어** 있었다.

1. 우리 한번 교제를 해보자는 뜻이에요.

2. 교제를 해보니 매력이 많다는 의미입니다.

3. 비밀번호가 자신도 모르게 변경돼 있었다는 말이에요.

사전 살펴보기

사귀다

① 서로 얼굴을 익히고 친하게 지내다.
- 이웃과 사귀다.
- 그는 붙임성이 있어 낯선 사람들과도 잘 사귄다.
- 주민들과 사고방식이 다른 그는 잘 사귀거나 대화를 나누기가 어려웠다. ≪황석영, 어둠의 자식들≫

② 『북한어』 서로 엇걸리어 지나가다.
- 평행이 아닌 두 직선은 어디선가 사귀게 마련이다. ≪선대≫

③ 사귀어야 절교하지〔관용구〕 서로 관계가 있어야 끊을 일도 있다는 뜻. 어떤 원인이 있어야 결과가 있음을 이르는 말.

삼가하다 ✕
삼가다 ○

 무단횡단을 (삼가합시다 / 삼갑시다).

몸가짐이나 언행을 조심하다는 뜻을 가진 말은 기본형이 '삼가하다'가 아니라 '삼가다'입니다. '삼가다'는 '삼가니', '삼가' 등으로 활용됩니다. 따라서 '삼가하다'를 활용한 '삼가하니', '삼가해'는 틀린 말이 되지요. 어떤 행동을 함께 하자는 뜻을 나타내는 종결어미 'ㅂ시다'가 붙을 때도 '삼가합시다'가 아니라 '삼갑시다'가 됩니다.

⚠ 잘못 쓰기 쉬우니 주의해야 해요

1. 무단횡단을 **삼갑시다**.

2. 항상 말을 **삼가는** 게 좋다

→ 1. 도로를 무단횡단해서는 안 되겠지요. 너무나 위험한 일입니다. 이처럼 무단횡단을 하지 말자고 할 때는 '삼가다'는 표현을 써서 "무단횡단을 삼갑시다"고 하면 됩니다. '삼가합시다'가 아니라 '삼갑시다'가 맞는 말이니 유의해야 합니다.

2. 언제나 말을 조심해야 합니다. 한번 뱉은 말은 주워담을 수가 없지요. 말을 조심하라고 할 때도 '삼가다'를 활용해 "말을 삼가는 게 좋다"고 표현하면 됩니다. '삼가하는'이 아니라 '삼가는'이 바른 말입니다.

재미있고 멋있게 사용하기

1. 술을 **삼가는** 것이 바람직하다.
2. 밤에는 외출을 **삼가는** 것이 좋다.
3. 어느 자리에서건 말과 행동을 **삼가야** 한다.

1. 술을 마시지 않는 것이 바람직하다는 말이에요.
2. 밤에는 밖에 나가지 않는 것이 좋다는 뜻입니다.
3. 어느 자리에서든 말과 행동을 조심해야 한다는 의미예요.

사전 살펴보기

삼가다
① 몸가짐이나 언행을 조심하다.
- 말을 삼가다.
어른 앞에서는 행동을 삼가야 한다.
아직까지는 그런 문제에까지 반감을 노출시키는 만용은 삼가는 게 좋을 것이며…. ≪김주영, 마군 우화≫

② 꺼리는 마음으로 양(量)이나 횟수가 지나치지 아니하도록 하다.
- 술을 삼가다.
- 문밖출입을 삼가다.
- 그는 건강을 위하여 담배를 삼가기로 했다./외출을 삼가고 나는 아버지의 귀가를 기다렸는데…. ≪이동하, 장난감 도시≫

설레이는 ✕ 설레는 ○

> 그녀만 보면 마음이 (설레이다 / 설렌다).

마음이 가라앉지 아니하고 들떠서 두근거리다는 뜻의 단어는 '설레이다'가 아니라 '설레다'입니다. '설레다'의 명사형은 '설레임'이 아니라 '설렘'이고요. '(날씨가) 개다', '(가슴, 목 등이) 메다', '(길 따위를) 헤매다', '(버릇, 냄새 등이) 배다', '(말 따위를) 되뇌다' 등을 활용할 때도 '—이—'를 추가해서는 안 돼요. 이들의 명사형도 '개임, 메임, 헤매임, 배임, 되뇌임'이 아니라 '갬, 멤, 헤맴, 뱀, 되뇜'으로 적어야 합니다.

⚠ 잘못 쓰기 쉬우니 주의해야 해요

1. 그녀만 보면 마음이 설렌다.

2. 처음 가는 길은 누구나 헤매게 마련이다.

→ 1. 시를 보면 '설레인다'는 표현이 많이 나옵니다. 그러나 '설레다'가 기본형이므로 '설렌다'로 해야 합니다. 시에서 '설레인다'로 쓰는 것은 리듬감을 주거나 운율을 맞추기 위해서이지요(시적 허용). 글을 쓸 때는 반드시 '설렌다'로 적어야 합니다.

2. 갈 바를 몰라 이리저리 돌아다니는 것을 뜻하는 '헤매이다' 역시 '헤매다'가 바른말입니다. 따라서 '헤매이게'가 아니라 '헤매게'라고 해야 합니다. '헤매인다'는 '헤맨다'가 맞는 말이고요.

재미있고 멋있게 사용하기

1. 그를 만나러 갈 생각에 벌써부터 마음이 **설렌다**.
2. 아이들이 너무 **설레는** 바람에 아무것도 할 수가 없었다.
3. 그는 시의 몇 구절을 몇 백 번이고 **되뇌었다**.

1. 그를 만날 생각에 벌써부터 마음이 들뜨고 두근거린다는 뜻이에요.
2. 아이들이 가만히 있지 않고 자꾸 움직이는 바람에 아무것도 할 수 없었다는 의미지요.
3. 시의 몇 문장을 되풀이해서 말했다는 뜻입니다.

사전 살펴보기

설레다
① 마음이 가라앉지 아니하고 들떠서 두근거리다.
• 내일 배낭여행을 떠난다는 생각에 마음이 설레어서 잠이 오지 않는다.
② 가만히 있지 아니하고 자꾸만 움직이다.
• 아이들이 너무 설레는 바람에 아무것도 할 수가 없었다.
③ 물 따위가 설설 끓거나 일렁거리다.

헤매다
① 목적하는 것을 찾아 이리저리 돌아다니다.
• 길을 잃고 헤매다.
② 어찌 할 바를 몰라 이리저리 방황하다. = 쏘다니다
• 마음이 심란하여 거리를 헤맸다.

되뇌다
① 같은 말을 되풀이하여 말하다.
• 입버릇처럼 되뇌는 말.

아다시피 알다시피

 (**아다시피** / **알다시피**) 우린 시간이 없어요.

'알다, 보다, 느끼다, 짐작하다' 등 지각을 나타내는 동사 어간 뒤에 붙어 '―는 바와 같이'의 뜻으로 사용되는 '―다시피' 앞에선 'ㄹ'이 탈락하지 않습니다. '보시다시피', '느끼다시피', '짐작하다시피' 등처럼 '알다'는 어간 '알―'에 '―다시피'가 결합된 '알다시피'로 써야 해요.

⚠ 잘못 쓰기 쉬우니 주의해야 해요

1. **알다시피** 우린 시간이 없어요.

2. 너도 **느꼈다시피** 처음부터 어려운 일이었다.

→ 1. 말을 할 때 상대도 이미 알고 있다는 사실을 먼저 알리면서 시작하면 상대를 설득하는 데 도움이 됩니다. 이럴 때 많이 쓰이는 말이 '이미 알고 있듯이'라는 뜻의 '아다시피'입니다. 그러나 '아다시피'가 아니라 '알다시피'가 바른말이에요. '알다'와 '-다시피'가 결합하는 경우 'ㄹ'이 탈락하지 않으니 유의해야 합니다.

2. '너도 아다시피' 역시 '너도 알다시피'로 적어야 합니다. 존칭이 들어간 '아시다시피' 때문에 '아다시피'로 해야 하는 것으로 생각하기 쉬우나 '알다시피'가 바른말이에요.

재미있고 멋있게 사용하기

1. 이미 **알다시피** 그는 따뜻한 사람이잖아.

2. 선생님도 **아시다시피** 제가 처음부터 그랬던 건 아니에요.

3. 너도 **짐작했다시피** 이번에도 떨어서 면접을 망쳤어.

1. 이미 알고 있듯이 그는 마음이 포근한 사람이라는 말이지요.

2. 선생님도 알고 있는 것처럼 처음부터 그랬던 건 아니라는 의미입니다.

3. 너도 짐작을 하고 있는 것처럼 이번에도 떨어서 면접을 제대로 보지 못했다는 뜻이에요.

사전 살펴보기

알다
① 교육이나 경험, 사고 행위를 통하여 사물이나 상황에 대한 정보나 지식을 갖추다.
• 이 문제는 공식을 알면 쉽게 풀 수 있습니다.
② 어떤 사실이나 존재, 상태에 대해 의식이나 감각으로 깨닫거나 느끼다.
• 감기가 들어 음식 맛을 알 수가 없다.
③ 심리적 상태를 마음속으로 느끼거나 깨닫다.
• 사람이 수치를 알지 못하면 짐승과 다를 바 없다.
④ 사람이 어떤 일을 어떻게 할지 스스로 정하거나 판단하다.
• 이 문제는 자네가 알아서 처리해주게.

-다시피
① ('알다', '보다', '느끼다', '짐작하다' 따위 지각을 나타내는 동사 어간 뒤에 붙어) '-는 바와 같이'의 뜻을 나타내는 연결어미.
• 보시다시피 제 손에는 아무것도 없습니다.
② (동사나 어간이나 어미 '-었-', '-겠-' 뒤에 붙어) 어떤 동작에 가까움을 나타내는 연결어미.
• 시간이 없어서 나는 거의 뛰다시피 급히 걸어갔다.

아지랭이 ✗   아지랑이 ○

> 봄이 되니 (**아지랑이** / **아지랭이**)가 피어오른다.

봄을 상징하는 단어로 아지랑이를 빼놓을 수 없습니다. 아지랑이는 시(詩)에서도 많이 쓰이는 말이지요. '아지랑이'를 흔히 '아지랭이'로 발음합니다. '아지랭이'로 발음하는 것은 'ㅡ랑이'보다 'ㅡ랭이' 발음이 편하기 때문이에요. 뒷글자 '이'의 영향을 받아 이렇게 소리 나는 현상을 'ㅣ모음 역행동화'라고 합니다. 그러나 발음과 달리 '아지랭이'가 아니라 '아지랑이'로 적어야 해요.

⚠ 잘못 쓰기 쉬우니 주의해야 해요

1. 봄이 되니 아지랑이가 피어오른다.

2. 그는 왼손잡이 선수다.

▷ 1. 봄이 되면 땅에서는 아지랑이가 피어오릅니다. 공기가 아른아른 움직이는 현상을 가리키지요. '아지랑이'를 '아지랭이'로 발음하고 또 그렇게 적는 사람이 많습니다. 'ㅣ 모음 역행동화'가 일어난 '아지랭이'가 '아지랑이'보다 발음하기 편하기 때문이지요. 그러나 '아지랑이'를 표준어로 삼고 있으므로 반드시 '아지랑이'로 적어야 합니다.

2. '손잽이' 역시 'ㅣ' 모음 역행동화가 일어나기 전의 형태인 '손잡이'가 바른말입니다. '호랑이 → 호랭이', '노랑이 → 노랭이', '가자미 → 가재미', '아비 → 애비', '어미 → 에미' 등도 'ㅣ 모음 역행동화'가 일어나는 것들이지요. 모두 역행동화가 일어나기 전의 형태를 표준어로 삼고 있으니 주의해야 합니다.

재미있고 멋있게 사용하기

1. **아비만** 한 자식 없다. (속담)
2. **호랑이에게** 물려가도 정신만 차리면 산다. (속담)
3. 어린아이 병엔 **어미만** 한 의사 없다. (속담)

1. 자식이 아무리 훌륭하다 하더라도 아비만큼은 못하다는 뜻이지요.
2. 위기의 순간에도 정신을 똑바로 차리면 빠져나올 수 있음을 이르는 말이에요.
3. 앓는 아이에 대한 어머니 정성은 아무리 이름난 의사의 의술도 당할 수 없을 만큼 극진하고 신통함을 이르는 말입니다.

사전 살펴보기

아지랑이
주로 봄날 햇빛이 강하게 쬘 때 공기가 공중에서 아른아른 움직이는 현상.

- 아물아물 아지랑이가 피어오르다.
- 밖에 내다보이는 아지랑이 가물거리는 봄은 여간 아름답지 않았다.

알맞는 ✗   알맞은 ○

> 학생 신분에 (**알맞는** / **알맞은**) 옷차림을 해야 한다.

진행을 나타내는 어미에는 '—는'과 '—은'이 있어요. 이 가운데 '—는'은 동사에 붙고 '—은'은 형용사에 붙습니다. 즉 '—는'은 '자는 사람'처럼 동사에 쓰여요(자다 → 자는). '—은'은 '알맞은 옷차림'처럼 형용사에 사용되고요(알맞다 → 알맞은). '좋다' 역시 형용사이므로 '좋는'이 아니라 '좋은'이 됩니다.

⚠ 잘못 쓰기 쉬우니 주의해야 해요

1. 학생 신분에 알맞은 옷차림을 해야 한다.

2. 그녀에게 걸맞은 신랑감이 못 됐다.

→ 1. 학생들은 학생 신분에 어울리는 복장을 해야 합니다. 지나치게 어른스러운 옷을 입거나 너무 현란한 옷을 입어도 안 되겠지요. 이럴 때 쓰이는 말이 "알맞은 옷차림을 해야 한다"입니다. '알맞는'으로 쓰는 사람이 많으나 '알맞다'가 형용사이므로 '알맞은'이 바른말입니다.

2. 견주어볼 때 서로 어울릴 만큼 비슷하다는 뜻의 '걸맞다' 역시 형용사이므로 '걸맞는'이 아니라 '걸맞은'으로 표기해야 합니다.

1. 빈칸에 **알맞은** 말을 넣으시오.
2. 분위기에 **걸맞은** 옷차림이 필요하다.
3. **좋은** 사람이 있으면 소개시켜주세요.

1. 빈칸에 적절한 단어를 채우라는 말이에요.
2. 분위기에 어울리는 옷차림이 필요하다는 의미입니다.
3. 괜찮은 사람이 있으면 소개시켜달라는 말이지요.

알맞다
일정한 기준, 조건, 정도 따위에 넘치거나 모자라지 아니한 데가 있다.= 걸맞다, 어울리다, 적당하다, 들어맞다 ↔ 부적당하다
- 학생 신분에 알맞은 옷차림
- 키에 알맞게 의자 높이를 조절하다.

걸맞다
두 편이 서로 어울리다. = 어울리다, 적당하다 ↔ 부적당하다
- 걸맞은 부부
- 옷에 걸맞지 않은 모자

앳띤 ✗   앳된 ○

> 그녀는 (앳된 / 앳띤) 얼굴로 인기를 끌었다.

누구나 어린아이 같은 얼굴, 즉 동안(童顔)처럼 보이려고 애쓰지요. 태도나 모습 등이 애티가 있어 어려 보이다는 뜻의 단어는 '앳띠다'가 아니라 '앳되다'입니다. 따라서 '앳띤 얼굴'이 아니라 '앳된 얼굴'로 표기해야 합니다. '앳되다'는 '앳된, 앳되고, 앳돼' 등으로 활용되지요.

⚠️ 잘못 쓰기 쉬우니 주의해야 해요

1. 그녀는 앳된 얼굴로 인기를 끌었다.

2. 소녀의 앳된 목소리처럼 노래를 불렀다.

→ 1. 자신의 나이보다 어려 보이는 얼굴이라면 얼마나 좋을까요? 실제로 이런 사람도 간혹 있습니다. 이를 가리킬 때 '앳띤 얼굴'이라고 하기 쉽지만 '앳된 얼굴'이 맞는 표현입니다. '앳띠다'가 아니라 '앳되다'가 바른말이기 때문이지요.

2. 아이들처럼 어려 보이는 목소리를 가진 사람도 있습니다. 이런 목소리를 가리킬 때도 '앳띤 목소리'가 아니라 '앳된 목소리'라고 해야 합니다.

1. 그녀는 나이에 비해 **앳돼** 보였다.

2. **앳된** 목소리로 관중들의 인기를 독차지했다.

3. 마치 어린 여자아이처럼 **앳되고** 가냘픈 목소리였다.

1. 나이보다 어려 보였다는 뜻이에요.

2. 애티가 있어 어려보이는 목소리로 혼자서 인기를 차지했다는 말입니다.

3. 여자아이처럼 어려 보이는 가냘픈 목소리였다는 의미예요.

앳되다
애티가 있어 어려 보이다.
- 새색시의 예쁘장하고 앳된 얼굴
- 나이에 비해 앳돼 보이다.
- 아내의 얼굴은 그림처럼 고왔다. 마흔여섯 살이라는 나이가 무색할 만큼 아내는 앳되었다. ≪한승원, 해신의 늪≫

애티
어린 태도나 모양.
- 애티가 나다.
- 아직 애티가 가시지 않은 나이에 그녀는 여인을 포기하고 음식 만드는 데만 골몰했다. ≪한무숙, 만남≫

(나) 어떻게 어떡해

> 나 (**어떻해** / **어떡해**).

"나 어떻해"라고 쓰는 사람이 적지 않지만 '어떻해'라는 단어는 없어요. '어떡해'와 '어떻게' 두 가지만 있지요.

'어떻게'는 '어떠하다'가 줄어든 형태인 '어떻다'에 부사형 어미 '―게'가 결합한 말입니다. "도대체 어떻게 된 거니?"처럼 동사나 형용사를 수식하는 말로 쓰이지요. "이 일을 어떻게?"와 같이 문장을 끝맺는 말로는 사용할 수 없습니다. 이때는 '어떡해'를 써야 하지요.

'어떡해'는 '어떠하게 하다'가 준 '어떡하다'를 활용한 형태입니다. "그냥 가면 어떡해?"처럼 서술어로 사용하지요. '어떻게 해'로 바꿔봤을 때 뜻이 통하면 '어떡해'를 쓰면 됩니다.

⚠ 잘못 쓰기 쉬우니 주의해야 해요

1. 나 **어떡해**.

2. 나 **어떻게 해**.

→ 1. 아주 곤란한 입장에 처해 어찌할 바를 모르는 경우 "나 어떻해"라고 적는 사람이 있으나 "나 어떡해"가 바른 표현입니다. '어떻게 해'가 줄어들어 '어떡해'가 된 것이지요. '어떻해'는 아예 없는 말입니다.

2. "나 어떡해" 대신 "나 어떻게 해"라고 해도 됩니다. '어떻게 해'가 줄어들어 '어떡해'가 됐기 때문이에요. '어떡해'의 표기가 잘 생각나지 않을 때는 그냥 풀어서 '어떻게 해'로 적는 것이 좋은 방법입니다.

1. 그 일을 **어떻게** 잊지?

2. 이대로 떠나면 **어떡해**.

3. 영영 안 오면 **어떡해**?

1. 그 일을 잊기 어렵다는 의미예요.

2. 이대로 떠나면 안 된다는 뜻입니다.

3. 아주 안 오면 어떻게 하느냐고 묻는 말이에요.

어떡하다

'어떠하게 하다'가 줄어든 말.

- 아저씨, 저는 어떡하면 좋겠어요?
- 종대는 3년 동안 그가 말했던 대로 고향이 아닌 정읍에서 어떡하든 살아 보려고 바둥거렸다. ≪최인호, 지구인≫
- 아버지는 어떡하다 차를 타지 못하고 대전에 처져 있는 것이 분명하였다. ≪채만식, 소년은 자란다≫

어떻다

(의견, 성질, 형편, 상태 따위가) 어찌 되어 있다.

- 요즈음 어떻게 지내십니까?
- 요새 몸은 좀 어때?
- 네 의견은 어떠니?

얼만큼 ✕ 얼마큼 ○

이거 얼마큼씩 파세요?

> 내가 너를 (얼만큼 / 얼마큼) 사랑하는지 아니?

'얼마'는 정하지 않은 수량이나 정도 등을 나타내는 명사예요. '만큼'은 앞말과 거의 같은 수량이나 정도를 나타내는 말이고요. '얼마'와 '만큼'이 결합한 '얼마만큼'의 준말은 '얼마큼'입니다. 따라서 '얼만큼'은 틀린 말이 되지요. "얼마만큼 왔니" 또는 "얼마큼 왔니"처럼 사용해야 합니다.

⚠ 잘못 쓰기 쉬우니 주의해야 해요

1. 내가 너를 **얼마큼** 사랑하는지 아니?

2. 여기서 집까지 **얼마큼** 걸리지?

→ 1. 내가 얼마나 사랑하는지 상대가 모른다면 답답하게 느껴지겠지요. 이럴 때 고백하는 말이 "얼마큼 사랑하는지 아니?"입니다. '얼마큼'은 '얼마만큼'의 준말이지요. '얼만큼'으로 쓰지 않도록 유의해야 합니다.

2. 거리를 나타낼 때도 '얼마큼'이 쓰입니다. '거리상 어느 정도'를 뜻하는 말이지요. 이때도 '얼만큼'이 아니라 '얼마큼'이 바른말이에요.

재미있고 멋있게 사용하기

1. 내가 너를 **얼마큼** 그리워하는지 너는 모를 거야.
2. 이거 **얼마큼씩** 파세요?
3. 하루에 **얼마만큼** 먹어야 하나요?

1. 얼마나 그리워하는지 모를 것이라는 뜻이에요.
2. 몇 개씩 또는 어떤 양으로 파는지 물어보는 말입니다.
3. 하루에 먹어야 하는 양이 얼마인지 묻는 말이에요.

사전 살펴보기

얼마큼
'얼마만큼'이 줄어든 말. = 얼마만하게
- 슬금슬금 물러가던 마을 사람들은 얼마큼 가다간 도깨비에 또다시 홀릴 것 같은 생각이라도 들었는지 마구 뛰면서 도망을 친다. ≪박경리, 토지≫

만큼
① 앞말과 거의 같은 수량이나 정도 또는 '실컷'의 뜻을 나타내는 의존명사.

- 싫증이 날 만큼 먹다.
- 노력한 만큼 대가를 얻다.

② 원인이나 근거가 됨을 뜻하는 말. = 만치
- 까다롭게 검사하는 만큼 준비를 철저히 해야 한다.

③ 앞말과 거의 같은 한도·수량을 나타내는 격 조사. = 만치
- 집을 대궐만큼 크게 짓다.

옴쭉달싹 ✗ 옴짝달싹 ○

그는 (옴쭉달싹 / 옴짝달싹) 않고 공부만 한다.

주로 '못하다', '않다', '말다' 등의 부정어와 함께 쓰여 몸을 아주 조금 움직이는 모양을 나타내는 말은 '옴쭉달싹'이 아니라 '옴짝달싹'입니다. "옴짝달싹 않는다"처럼 쓰이지요. '옴쭉달싹'은 표준어가 아니에요. 몸을 "꼼짝달싹 못하는 병자처럼"처럼 '꼼짝달싹'을 써도 '옴짝달싹'과 같은 뜻이 됩니다.

⚠ 잘못 쓰기 쉬우니 주의해야 해요

1. 그는 **옴짝달싹** 않고 공부만 한다.

2. 아기 때문에 **옴짝달싹할** 수가 없었다.

→ 1. 몸을 움직이지 않고 책상에 앉아 공부만 하는 사람이 있습니다. 이럴 때는 "옴짝달싹 않고 공부만 한다"고 표현합니다. '옴쭉달싹'으로 쓰기 쉬우나 '옴짝달싹'이 바른말이에요.

2. '옴짝달싹'은 '옴짝달싹 않다' 형태로 쓰이기도 하고 동사로 '옴짝달싹하다'가 사용되기도 합니다. 이때도 '옴쭉달싹하다'로 적지 않도록 유의해야 합니다.

1. 너무 무서워서 발이 **옴짝달싹하지** 않았다.
2. 그녀는 손발을 **옴짝달싹하지** 못했다.
3. 빗속에 갇혀 **꼼짝달싹** 못하게 됐다.

1. 무서워서 꼼짝도 하지 않았다는 말이에요.
2. 손발을 전혀 움직이지 못했다는 뜻입니다.
3. 빗속에 갇혀 전혀 움직이지 못하게 됐다는 의미예요.

옴짝달싹
몸을 아주 조금 움직이는 모양.
- 옴짝달싹 못하게 묶다./빗속에 갇혀 옴짝달싹 못하게 되다.
- 그는 옴짝달싹 않고 공부만 한다.

옴짝달싹하다
몸이 아주 조금 움직이다. 또는 몸을 아주 조금 움직이다.
- 너무 무서워선지 발이 옴짝달싹하지 않았다.
- 나는 그가 두 손으로 어깨를 꽉 누르고 있었기 때문에 옴짝달싹할 수가 없었다.

꼼짝달싹
몸이 아주 조금 움직이거나 들리는 모양.
- 사로잡은 포로를 밧줄로 꼼짝달싹도 못하게 묶었다.

꼼짝달싹하다
몸이 아주 조금 움직이거나 들리다.
- 그는 아프다는 핑계로 방 안에서 꼼짝달싹하지 않았다.

우뢰 우레

짝짝짝~ 우레와 같은 박수.

와~!

> **(우뢰 / 우레)와 같은 박수를 받았다.**

뇌성과 번개를 동반하는 대기 중의 방전 현상을 가리키는 말로 '우뢰'를 쓰기 쉽지만 '우레'가 바른말입니다. '우레'는 순수한 우리말이지요. '비 우(雨)'와 '우뢰 뢰(雷)' 자가 합쳐진 '우뢰'가 표준어로 쓰인 적도 있지만 1988년 개정된 표준어규정은 '우뢰'를 버리고 '우레'만 표준어로 결정했습니다. 따라서 '우뢰'라고 하면 틀린 말이 돼요. '천둥'은 '우레'와 같은 뜻이면서 복수표준어로 쓰입니다.

⚠ 잘못 쓰기 쉬우니 주의해야 해요

1. **우레와** 같은 박수를 받았다.

2. 하늘에서 **우레가** 친다.

→ 1. 반응이 좋아 박수가 엄청 많이 나오는 경우 '우레와 같은 박수'라는 표현을 씁니다. 박수가 천둥소리가 울리듯 한다는 뜻이지요. '우레'를 '우뢰'로 쓰기 쉬우니 유의해야 합니다.

2. 하늘에서 천둥이 울리는 경우 '우레가 친다'고 합니다. 역시 '우뢰'가 아니라 '우레'가 바른말이지요. '우레가 운다'는 말도 쓰입니다.

재미있고 멋있게 사용하기

1. 관중석에서 **우레와** 같은 박수가 나왔다.
2. 먼 하늘에서 **우레가** 울려왔다.
3. 폭포가 **우레** 소리를 내며 쏟아졌다.

1. 관중석에서 엄청난 박수가 나왔다는 말이에요.
2. 하늘에서 천둥소리가 울려왔다는 뜻입니다.
3. 폭포의 물이 천둥소리같이 무시무시한 소리를 내면서 아래로 떨어졌다는 의미예요.

사전 살펴보기

우레
뇌성과 번개를 동반하는 대기 중의 방전 현상. = 천둥
- 우레가 울다.
- 먼 하늘에서 우레가 울려왔다. ≪장용학, 위사가 보이는 풍경≫

천둥
① 천둥에 개 뛰어들듯〔관용어〕놀라 어쩔 줄 모르고 허둥지둥하는 모양을 비유적으로 이르는 말.
② 천둥 번개 할〔칠〕때 천하 사람이 한맘 한뜻〔관용어〕모든 사람이 겪는 천변이나 위험 속에서는 마음이 하나가 된다는 말.

으례 ✗ 으레 ○

생일 파티에는 (으례 / 으레) 케이크를 사간다.

많이 틀리는 낱말 가운데 하나가 '으레'입니다. '으레'는 '두말할 것 없이 당연히, 틀림없이 언제나'를 뜻하지요. '으례'나 '의례'는 잘못된 말로 '으레'라고 해야 합니다. 간혹 '의레'나 '으레껏'이라고 표현하는 경우도 있는데 이 역시 존재하지 않는 낱말이에요.

⚠ 잘못 쓰기 쉬우니 주의해야 해요

1. 생일 파티에는 으레 케이크를 사간다.

2. 이사를 오면 으레 떡을 돌린다.

→ 1. 생일 파티에는 이제 케이크를 사가는 것이 관례가 됐습니다. 이처럼 당연히 케이크를 사간다는 뜻으로 "으레 케이크를 산다"는 표현을 씁니다. '으례'나 '의례'로 쓰기 쉽지만 '으레'가 바른말이에요.

2. 예전에는 이사를 오면 이웃집에 떡을 돌렸습니다. 당연히 그렇게 하는 것으로 생각했지요. 이런 뜻으로 "으레 떡을 돌린다"는 표현을 씁니다. 역시 '으례'나 '의례'로 쓰지 않도록 유의해야 합니다.

1. **으레** 그렇게 하는 줄 알고 지냈다.
2. 크리스마스에는 **으레** 선물을 주고받는다.
3. 학교를 마치면 **으레** 학원으로 간다.

1. 당연히 그렇게 하는 줄 알았다는 뜻이지요.
2. 크리스마스에는 언제나 선물을 주고받는다는 의미입니다.
3. 학교 갔다 오면 언제나 학원으로 간다는 말이에요.

으레
① 두말할 것 없이 당연히. = 마땅히
- 그녀는 선비는 으레 가난하려니 하고 살아왔다.
- 그 면접관의 책상 위에는 으레 놓여 있어야 할 지원자들의 성적 증명서가 보이지 않았다.

② 틀림없이 언제나. = 항상, 늘
- 그는 회사 일을 마치면 으레 동료들과 술 한잔을 한다.
- 오빠와 한자리에 있으면 으레 그렇듯 정애의 아름다운 얼굴엔 우수가 서려 있었다. ≪이호철, 닳아지는 살들≫

(꿈) 이예요 / 이에요

소설가가 되는 것이 내 꿈이에요.

> 연예인이 되는 것이 내 꿈(이예요 / 이에요).

'—이에요'는 명사를 서술어로 만드는 조사 '—이다'의 어간에 어미 '—에요'가 붙은 말입니다. 끝말에 받침이 있으면 '—이에요'를, 받침이 없으면 '이에요'가 준 '—예요'를 씁니다. '꿈이에요'(받침 다음 '이에요'), '어디예요'(받침이 없으면 '예요')처럼 사용되지요.

주의해야 할 점은 "아니에요"는 받침이 없어도 '—에요'로 쓴다는 사실입니다. '아니다'의 경우 체언(명사·대명사·수사)이 아닌 용언(동사·형용사)이므로 서술격 조사 '—이'가 필요 없기 때문이지요. 어미 '—에요'만 붙이면 되므로 '아니예요'가 아닌 '아니에요'로 써야 합니다.

⚠ 잘못 쓰기 쉬우니 주의해야 해요

1. 연예인이 되는 것이 내 꿈이에요.

2. 우리 반 친구예요.

→ 1. 연예인이 되는 것이 꿈인 학생이 적지 않습니다. 연예인의 화려함과 인기 때문인 것으로 보입니다. "연예인이 꿈이에요"라고 할 때 '이에요'인지 '이예요'인지 헷갈립니다. '꿈'처럼 끝말에 받침이 있으면 '—이에요'를 붙입니다. '이예요'는 아예 없는 말입니다. '선생님이에요', '어머님이에요' 등도 받침 다음에 '이에요'를 붙인 예이지요.

2. '친구'처럼 받침이 없으면 '이에요'가 줄어든 '—예요'를 붙입니다. 따라서 '친구예요'가 되지요. '부모예요', '언니예요', '학교예요' 등도 받침이 없는 단어 다음에 '예요'가 붙은 경우입니다.

1. 모두가 **사랑이에요**.
2. 오늘이 마지막 **날이에요**.
3. 정말 착한 **아이예요**.

1. 모두가 귀하고 소중하다는 의미예요.
2. 오늘이 순서상 맨 끝에 있는 날이라는 말입니다.
3. 언행이나 마음씨가 무척이나 곱고 바르며 상냥한 아이라는 뜻이에요..

—에요

설명·의문의 뜻을 나타내는 종결어미.
- 그건 내가 한 게 아니에요.
- 그 아이는 읍내 중학교에 다니는 학생이에요.

이제서야 ✗   이제야 ○

> 문제를 (이제서야 / 이제야) 풀었다.

말하고 있는 이때에 이르러서야 비로소를 뜻하는 말은 '이제서야'가 아니라 '이제야'가 바른말이에요. 앞에서 이미 이야기한 바로 그때에 이르러서야 비로소를 나타낼 때도 '그제서야' 또는 '그제서'가 아니라 '그제야'를 써야 합니다.

⚠ 잘못 쓰기 쉬우니 주의해야 해요

1. 문제를 이제야 풀었다.
2. 그제야 무슨 말인지 알아차렸다.

→ 1. 문제를 풀다 보면 어려운 것도 적지 않습니다. 이런 문제를 해결하는 데는 시간이 많이 걸리지요. 이때 하는 말이 "이제야 풀었다"입니다. '이제서야'라고 하기 쉽지만 '이제야'가 바른말이에요.

2. 앞에서 이미 이야기한 바로 그때에 이르러서야 비로소를 뜻하는 '그제야' 역시 '그제서야'로 쓰지 않도록 주의해야 합니다.

재미있고 멋있게 사용하기

1. **이제야** 그것을 깨달았다.
2. **이제야** 본색을 드러내는구나.
3. 네가 오니까 **그제야** 안심이 되더라.

1. 이때에 이르러서야 비로소 깨닫게 됐다는 말이에요.
2. 숨기고 있다가 드디어 본색을 드러낸다는 뜻입니다.
3. 네가 오니까 비로소 안심이 됐다는 의미예요.

사전 살펴보기

이제야
말하고 있는 이때에 이르러서야 비로소.
- 이제야 좀 운이 트이나 보다.
- 이제야 그는 김씨 문중 사람들이 그 언덕배기를 놓고 그처럼 펄펄 뛰는 이유를 알 것 같았다. ≪전상국, 하늘 아래 그 자리≫
- 오월로 접어든 산골짝의 날씨는 이제야 겨우 봄기운이 느껴진다. ≪홍성원, 육이오≫

그제야
앞에서 이미 이야기한 바로 그때에 이르러서야 비로소.
- 초인종을 한참이나 누르니까 그제야 간호부가 나와서, 분을 하얗게 바른 얼굴을 내밀더니…. ≪심훈, 상록수≫

일찌기 × 일찍이 ○

다른 학생보다 (일찌기 / 일찍이) 학교에 나왔다.

일정한 시간보다 이르게를 나타내는 말은 '일찌기'가 아니라 '일찍이'가 표준어예요. '일찍이'는 '이르게'를 뜻하는 부사 '일찍'에 '-이'가 붙은 형태이지요. "일찍이 출근했다"처럼 쓰입니다. '일찍이'는 예전에, 또는 전에 한 번이라는 뜻으로도 사용돼요. "일찍이 없었던 일이다"가 이런 예이지요. '그러한 데다가 더'를 뜻하는 '더욱이'도 같은 경우입니다. '더우기'가 아니라 '더욱이'가 바른말이에요. '오뚝이, 곰곰이, 생긋이, 해죽이' 등도 마찬가지랍니다.

⚠ 잘못 쓰기 쉬우니 주의해야 해요

1. 다른 학생보다 일찍이 학교에 나왔다.

2. 비도 오고 더욱이 바람도 세다.

→ 1. 무엇이든 남보다 잘 하려면 부지런해야 합니다. 학교에 먼저 나오는 것도 다른 학생보다 공부를 잘 하는 비결이지요. 이럴 때 "학교에 일찍이 나왔다"고 표현합니다. 일정한 시간보다 빠르다는 것을 나타내는 단어는 '일찌기'가 아니라 '일찍이'가 바른말이에요.

2. '그러한 데다가 더'를 나타내는 '더욱이' 역시 '더우기'로 잘못 쓰기 쉬우니 유의해야 합니다.

재미있고 멋있게 사용하기

1. 다음날 아침 **일찍이** 출발했다.
2. 그 일은 **일찍이** 경험해보지 못한 것이다.
3. 나이도 어리고 **더욱이** 몸도 약하다.

1. 아침에 이른 시간에 출발했다는 뜻이에요.
2. 예전에는 겪어보지 못한 일이라는 말입니다.
3. 나이도 어린 데다 몸까지 약하다는 의미예요.

사전 살펴보기

일찍이

① 일정한 시간보다 이르게. = 일찍
- 그들은 다음 날 새벽 일찍이 다음 목적지로 출발했다.
- 그녀는 다만 아침 일찍이 끓인 국과 물을 길어다가 슬쩍 놓고 가곤 할 뿐…. ≪한승원, 해일≫

② 예전에. 또는 전에 한 번.
- 일찍이 없었던 일
- 일찍이 전해져오던 책
- 나는 일찍이 그 같은 사람을 본 적이 없다.

더욱이

그러한 데다가 더.
- 그 아이는 이 일을 하기에는 나이가 너무 어리고, 더욱이 몸도 너무 약하다.
- 이 집에는 문이 하나밖에 없는 데다 더욱이 매우 좁다.
- 다행히 주위는 비교적 조용한 편이고, 더욱이 내 곁에 앉아 있는 남녀는 말 한 마디 없어…. ≪서영은, 살과 뼈의 축제≫

있슴 × 있음 ○

> 그대 (있음 / 있슴)에 감사합니다.

서술형이 '—습니다'이기 때문에 소리 나는 대로 적어 명사형을 '있슴'으로 쓰는 것이 당연하다고 생각할 수 있어요. 하지만 명사형은 '있슴'이 아니라 '있음'이므로 유의해야 합니다. 서술형은 '있습니다', 명사형은 '있음'으로 서로 다르다는 것을 기억하고 있으면 됩니다.

⚠️ 잘못 쓰기 쉬우니 주의해야 해요

1. 그대 있음에 감사합니다.

2. 이번에 일이 이루어질 가능성 있음.

→ 1. '있다'의 명사형이 '있음'인지 '있슴'인지 헷갈린다는 사람이 많습니다. '있습니다'를 보면 명사형이 '있슴'이라고 생각하기 쉽지요. 그러나 명사형은 '있음'이 바른말입니다. '그대 있음에'에서 '있음에'는 '있기 때문에'라는 뜻이에요.

2. '가능성 있음', '가능성 없음'도 '있슴', '없슴'으로 쓰지 않도록 유의해야 합니다.

재미있고 멋있게 사용하기

1. 먹을 수 **있음에** 감사해야 한다.
2. 살아 **있음을** 보여주겠다.
3. **있음이냐 없음이냐** 그것이 문제로다.

1. 굶주리는 사람도 많으므로 먹을 음식이 있는 것에 고마워하라는 뜻이지요.
2. 죽지 않고 아직 존재하고 있다는 것을 남에게 보이겠다는 의지입니다.
3. 셰익스피어의 〈햄릿〉에 나오는 말이에요.

사전 살펴보기

있다

① 사람이나 동물이 어느 곳에서 떠나거나 벗어나지 아니하고 머물다.
- 내가 갈 테니 너는 학교에 있어라.
- 그는 내일 집에 있는다고 했다.

② 사람이 어떤 직장에 계속 다니다.
- 딴 데 한눈팔지 말고 그 직장에 그냥 있어라.

③ 사람, 동물, 물체 따위가 실제로 존재하는 상태이다.
- 나는 신이 있다고 믿는다.
- 날지 못하는 새도 있다.

④ 어떤 사실이나 현상이 현실로 존재하는 상태이다.
- 기회가 있다.
- 증거가 있다.
- 나는 그와 만난 적이 있다.

⑤ 어떤 일이 이루어지거나 벌어질 계획이다.
- 모임이 있다.
- 좋은 일이 있다.
- 오늘 회식이 있으니 모두 참석하세요.

자잘못 × 　　잘잘못 ○

> 이번에 (자잘못 / 잘잘못)을 반드시 가려내야 한다.

싸우거나 다퉈서 분쟁이 일어났을 때 자주 쓰이는 표현이 '자잘못'입니다. 그러나 '잘잘못'을 표준어로 삼고 있어요. '잘잘못'보다 '자잘못'이 발음이 편리하기 때문에 많이 쓰이고 있는 것으로 생각되지만 '잘잘못'이 바른말이에요. '잘잘못'은 '잘(함)+잘못'의 구조로 '잘함'과 '잘못함'이 결합한 형태입니다.

⚠ 잘못 쓰기 쉬우니 주의해야 해요

1. 이번에 잘잘못을 반드시 가려내야 한다.

2. 형제끼리 잘잘못을 따져서 무엇하겠느냐?

→ 1. 문제가 계속되는 것을 막기 위해서는 잘한 것과 잘못한 것을 가려내야 합니다. 이럴 때 잘한 것과 잘못한 것을 합쳐 '자잘못'이라 하기 쉽지만 '잘잘못'이 바른말이에요.

2. 잘함과 잘못함을 따질 때 역시 '자잘못을 따지다'고 하는 사람이 많지만 '잘잘못을 따지다'가 맞는 말입니다. '잘잘못'이 '잘(함)+잘못'의 구조라고 생각하면 도움이 되지요.

1. 누가 잘못한 것인지 **잘잘못을** 가려주세요.

2. **잘잘못을** 따질 능력이 내겐 없다.

3. 이번 사고의 **잘잘못을** 철저히 따져보자.

1. 잘함과 잘못함을 가려달라는 말이에요.

2. 잘함과 잘못함을 판단할 능력이 없다는 뜻입니다.

3. 누구의 잘못인지 사고의 원인을 따져보자는 의미예요.

잘잘못

잘함과 잘못함. = 시시비비

- 잘잘못을 철저히 따지다.
- 싸움에 중재하고 들어설 재간도 없었거니와 그 어느 쪽의 잘잘못을 가리고 탓할 안목도 없었다. ≪이문희, 흑맥≫

졸립다 ✗ 졸리다 ○

> 밤새 공부했더니 (졸립고 / 졸리고) 피곤하다.

자고 싶은 느낌이 든다는 뜻으로 쓰이는 낱말은 '졸리다'입니다. '졸립다'를 자주 사용하지만 틀린 말이지요. 따라서 '졸립다'를 활용한 '졸립고, 졸리워, 졸리운'이 아니라 '졸리다'를 활용한 '졸리고, 졸려, 졸린'이라고 해야 합니다.

⚠ 잘못 쓰기 쉬우니 주의해야 해요

1. 밤새 공부했더니 **졸리고** 피곤하다.
2. **졸린** 사람은 잠시 일어나 서 있어라.

→ 1. 시험을 앞두고는 밤샘 공부를 하는 학생이 적지 않습니다. 이런 경우 졸음이 오고 집중력이 떨어지기 때문에 오히려 역효과를 낼 수도 있지요. 밤새 공부했더니 졸음이 오고 피곤하다는 표현을 할 때 "졸립고 피곤하다"고 하는 사람이 많습니다. 그러나 '졸립고'가 아니고 '졸리고'가 바른말입니다. 기본형이 '졸립다'가 아니라 '졸리다'이기 때문이지요.

2. '졸리운 사람'처럼 '졸립다'를 활용해 '졸리운, 졸립고, 졸리워'라고 하기 쉽지만 '졸리다'를 활용한 '졸린, 졸리고, 졸리어'가 바른말입니다.

재미있고 멋있게 사용하기

1. 나 지금 정말 **졸려**.
2. 어젯밤 잠을 설쳤더니 **졸려** 죽겠다.
3. 학생들의 **졸린** 표정을 보니 안쓰럽다.

1. 지금 잠이 쏟아진다는 말이에요.
2. 잠을 자지 못했더니 지금 몹시 잠이 온다는 뜻입니다.
3. 잠이 쏟아지는 표정을 보니 딱하게 느껴진다는 의미지요.

사전 살펴보기

졸리다
① 자고 싶은 느낌이 들다.
- 졸리고 피곤하다.
- 아마 밤을 새웠으니까 졸려서 어디로 자러 가는 모양이었다. ≪이광수, 흙≫
- 밤낮을 가릴 것 없이 아무 때나 졸리면 되는대로 쓰러져 자고 잠이 깨면 미완성된 화폭을 물끄러미 들여다보고 있는 것이었다. ≪주요섭, 미완성≫

② 자고 싶은 느낌이 있다.
- 학생들의 졸린 표정을 보니 안쓰럽다.

추켜세우다 × 치켜세우다 ○

> 우리는 그 친구를 영웅으로 (추켜세웠다 / 치켜세웠다).

정도 이상으로 크게 칭찬하다는 뜻을 나타내는 말은 '추켜세우다'가 아니라 '치켜세우다'입니다. '치켜세우다'는 옷깃이나 눈썹 따위를 위쪽으로 올리다는 의미로도 사용되지요. 비슷한 말로는 '추켜올리다'와 '추어올리다'가 있습니다. '추켜올리다'는 "치마를 추켜올렸다"처럼 위로 솟구어 올리다는 뜻으로만 쓰여요. '추어올리다'는 '위로 솟구어 올리다', '정도 이상으로 크게 칭찬하다' 두 가지 뜻으로 모두 사용됩니다. 즉 '치켜세우다=추어올리다'인 셈이지요.

⚠ 잘못 쓰기 쉬우니 주의해야 해요

1. 우리는 그 친구를 영웅으로 치켜세웠다.

2. 머리카락을 손가락으로 추어올렸다.

→ 1. 칭찬을 하면 신이 나서 더욱 잘하는 경우가 많습니다. 따라서 친구를 영웅이라고 크게 칭찬을 한다면 그 친구는 더욱 자신의 능력을 발휘할 수 있습니다. 이처럼 크게 칭찬하는 것을 '추켜세웠다'고 하기 쉽지만 '치켜세웠다'가 바른말이에요.

2. 머리카락이나 바지 등을 위로 올라가게 할 때는 '추어올리다'는 표현을 씁니다. '추어올리다'는 크게 칭찬하다는 뜻의 '치켜세우다'와 같은 뜻으로 쓰이기도 합니다.

재미있고 멋있게 사용하기

1. 사람들은 그를 독보적인 존재라고 **치켜세웠다**.
2. 어른에게 눈초리를 **치켜세우고** 대들다니 버릇이 없구나.
3. 그 애는 조금만 **추어올리면** 기고만장해진다.

1. 독보적인 존재라고 크게 칭찬했다는 뜻이에요.
2. 눈초리를 위쪽으로 올렸다는 의미입니다.
3. 칭찬을 해주면 기고만장해진다는 말이지요.

사전 살펴보기

치켜세우다
① 옷깃이나 눈썹 따위를 위쪽으로 올리다. = 추켜세우다
- 바람이 차가워지자 사람들은 모두 옷깃을 치켜세우고 있었다.
- 어른에게 눈초리를 치켜세우고 대들다니 버릇이 없구나.
② 정도 이상으로 크게 칭찬하다. = 추어올리다
- 한때는 사람들이 그를 영웅으로 치켜세운 적도 있었다.
- 그때는 우리를 개화된 애국자라고 치켜세우더니 사세가 불리해지니까 우릴 헌신짝 버리듯 하고는 제 놈들만 꽁무니를 빼지 않았소. ≪유주현, 대한 제국≫

추어올리다
① 위로 끌어 올리다.
- 바지를 추어올리다.
- 그는 완장을 어깨 쪽으로 바싹 추어올린 다음 가슴을 활짝 펴고는 심호흡을 했다. ≪윤흥길, 완장≫
② 실제보다 높여 칭찬하다. = 추어주다, 치켜세우다
- 그를 옆에서 자꾸 추어올리니 그도 공연히 우쭐대는 마음이 들었다.

치뤘다 ✗ 치렀다 ⭕

전교 학생회장 선거를 치렀다.

> 값비싼 대가를 (치렀다 / 치뤘다).

'치뤘다'고 하는 사람이 많지만 '치렀다'가 바른말입니다. '치루다'는 단어는 없고 '치르다'만 있기 때문이지요. '치르다'의 어간 '치르'에 과거를 나타내는 '었'과 종결어미 '다'가 붙어 '치렀다'가 됩니다. 즉 '치르+었+다=치렀다' 형태이지요.

'치루다'를 기본형으로 활용한 '치뤄, 치루고, 치루니, 치뤄라, 치뤘다'는 모두 잘못된 말이에요. '치르다'가 기본형이기 때문에 '치러, 치르고, 치르니, 치러라, 치렀다'로 고쳐야 합니다.

⚠ 잘못 쓰기 쉬우니 주의해야 해요

1. 값비싼 대가를 치렀다.

2. 힘든 일을 치러내느라 고생 많았다.

→ 1. 많은 노력을 기울였지만 실패한다면 큰 타격을 입을 수밖에 없습니다. 이런 경우 "값비싼 대가를 치렀다"고 합니다. 이때 '치렀다' 대신 '치뤘다'고 하는 사람도 많습니다. '치루다'가 아니라 '치르다'가 기본형이므로 '치렀다'가 바른말이에요.

2. '치뤄내느라'처럼 '치루다'를 활용한 '치뤄, 치루고, 치루니'가 아니라 '치르다'를 활용한 '치러, 치르고, 치르니'가 맞는 말입니다.

재미있고 멋있게 사용하기

1. 그 일로 곤욕을 **치렀다**.
2. 어려운 행사를 잘 **치러냈다**.
3. 아침을 든든하게 **치르고** 길을 나섰다.

1. 그 일로 큰 어려움을 겪었다는 말이에요.
2. 힘든 행사를 잘 마무리해냈다는 뜻입니다.
3. 아침을 든든하게 먹고 길을 나섰다는 의미예요.

사전 살펴보기

치르다
① 주어야 할 돈을 내주다. = 지불하다
• 주인에게 내일까지 아파트 잔금을 치러야 한다.
• 점원에게 옷값을 치르고 가게를 나왔다.
② 무슨 일을 겪어내다. = 겪다
• 시험을 치르다.
• 잔치를 치르다.
• 장례식을 치르다.
• 두 차례의 호란(胡亂)을 치러 물정이 몹시 어지럽던 시절…. ≪이문구, 오자룡≫
③ 아침, 점심 따위를 먹다.
• 아침을 치르고 대문을 나서던 참이었다.

핼쓱하다 ✕ 핼쑥하다 ○

깡마르다 못해 핼쑥하기까지 했다.

> 무슨 일인지 (핼쓱해 / 핼쑥해) 보였다.

몸이 약해져 마르고 얼굴에 핏기가 없는, 즉 병약한 느낌을 나타낼 때 '핼쓱하다'고 표현하기 쉽지만 '핼쑥하다'가 표준어예요. '핼슥하다, 헬쓱하다, 헬슥하다, 헬쑥하다' 등으로 적는 사람도 있지만 이 역시 '핼쑥하다'로 바꾸어야 합니다. '핼쑥하다'와 비슷한 말로는 얼굴에 핏기나 생기가 없어 파리하다는 뜻의 '해쓱하다'가 있어요.

⚠ 잘못 쓰기 쉬우니 주의해야 해요

1. 무슨 일인지 핼쑥해 보였다.

2. 핼쑥한 얼굴로 나타났다.

→ 1. 무슨 일이 있으면 얼굴에 나타나게 마련입니다. 특히 좋지 않은 일이 생기면 얼굴이 마르고 핏기가 없어 보입니다. 이런 것을 '핼쓱하다'고 하기 쉽지만 '핼쑥하다'가 바른말이에요. 따라서 "핼쓱해 보였다"가 아니라 "핼쑥해 보였다"고 해야 합니다.

2. '핼쑥한 얼굴'처럼 '핼쓱하다', '헬쑥하다', '핼숙하다' 모두 틀린 말이지요. '핼쑥하다'가 맞는 말로 '핼쑥한, 핼쑥하고, 핼쑥해, 핼쑥하니' 등처럼 활용됩니다.

재미있고 멋있게 사용하기

1. 문병을 가니 **핼쑥한** 얼굴로 누워 있었다.

2. 깡마르다 못해 **핼쑥하기까지** 했다.

3. **해쓱한** 모습에 눈물이 핑 돌았다.

1. 핏기가 없는 얼굴로 누워 있다는 뜻이에요.

2. 핏기가 없고 파리하기까지 했다는 말입니다.

3. 핏기나 생기가 없고 파리한 모습에 눈물이 났다는 의미예요.

사전 살펴보기

핼쑥하다
얼굴에 핏기가 없고 파리하다.
- 빙낭을 이마에 얹고 핼쑥한 얼굴로 누워 있던 경애는 방문을 밀고 들어서는 나를 보자 힘없는 웃음으로 반겼다. ≪이병주, 관부 연락선≫

해쓱하다
얼굴에 핏기나 생기가 없어 파리하다.
- 아직도 병기가 가시지 않은 해쓱한 얼굴엔 눈썹만 유난히 검다. ≪현진건, 적도≫

희안하다 ✗   희한하다 ○

> 참으로 (희안한 / **희한한**) 일이 일어났다.

매우 드물거나 신기하다는 뜻으로 '희안하다'는 말을 많이 씁니다. 그러나 '희한(稀罕)하다'가 바른말이에요. 따라서 '희안한, 희안하게'는 '희한한, 희한하게'로 바꾸어야 합니다.

⚠ 잘못 쓰기 쉬우니 주의해야 해요

1. 참으로 **희한한** 일이 일어났다.

2. 정말 **희한하게** 생겼네.

→ 1. 매우 드물고 신기한 일이 발생했을 때 많은 사람이 '희안하다'고 표현합니다. '희안한, 희안하게' 등처럼 활용해 쓰기도 하고요. 그러나 '희한하다'가 바른말이에요. '희한한, 희한하게' 등과 같이 활용해야 합니다.

2. '희한(稀罕)하다'는 원래 한자어에서 온 말이에요. 드물 희(稀), 드물 한(罕) 자로 구성돼 있습니다.

1. 처음 본 **희한한** 물건이다.

2. **희한한** 소문이 나돌았다.

3. 사람들은 그를 **희한하게** 쳐다보았다.

1. 이상하게 생긴 물건이란 뜻이에요.

2. 이상한 소문이 퍼졌다는 의미입니다.

3. 사람들이 이상하게 쳐보았다는 말입니다.

희한하다
매우 드물거나 신기하다.
- 희한한 일
- 살다 보면 별 희한한 일이 다 생기지요.
- 풍수를 전혀 모르는 눈으로 보더라도 그 땅은 참으로 희한하게 생긴 터였다. ≪조정래, 태백산맥≫

> 못 다 한 이 야 기 3

SNS에서 **잘못** 사용되는 우리말

요즘은 너나없이 문자메시지를 많이 이용합니다. 문자메시지는 정확성보다는 속도와 편리함이 우선이지요. 그러다 보니 정확하게 철자를 적기보다는 대충 비슷하게 발음을 따라 적는 경우가 적지 않답니다. '알았어'를 '알써'라고 한다든가 '먹었어'를 '머거써'라고 하는 것처럼요.

이러다 보니 정확한 철자가 어떻게 되는지 제대로 모를 뿐 아니라 발음대로 쓰는 것이 문제가 되지 않는 것으로 생각하기 쉽습니다. 특히 한창 언어를 익히고 있는 초등학생 등 저학년 학생의 경우 국어 실력에 심각한 문제가 발생하지요. 어릴 때부터 가급적 낱말이나 표현을 정확하게 사용하는 노력이 필요합니다.

▶ **마마잃은중천공**

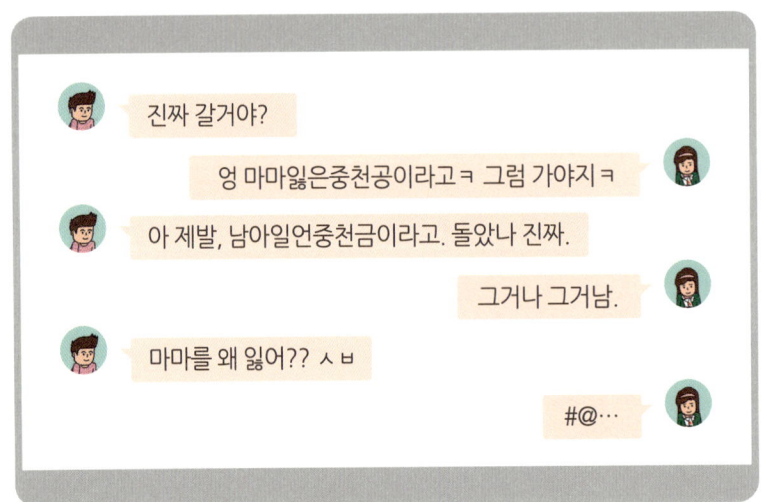

엉 (마마잃은중천공 / **남아일언중천금**)이라고 그럼 가야지.

위에서 본 대로 카톡 대화 중에 '마마잃은중천공'이란 말이 나왔어요. '남아일언중천금'을 그렇게 쓴

것으로 보입니다. '남아일언중천금(男兒一言重千金)'은 남자의 한마디 말은 천금같이 값지고 무거움을 뜻합니다. 즉 남자의 말은 값지고 무거운 것이니 한 번 내뱉은 말은 반드시 지켜야 한다는 의미지요. 한마디 말도 매우 중요하므로 말하기를 극히 삼가라는 뜻도 들어 있어요. '마마잃은중천공'은 남아일언중천금을 대충 발음한 것으로, 이런 엉터리 표현은 그 사람의 지적 수준을 의심받게 하므로 주의해야 합니다.

▶ **일치얼짱**

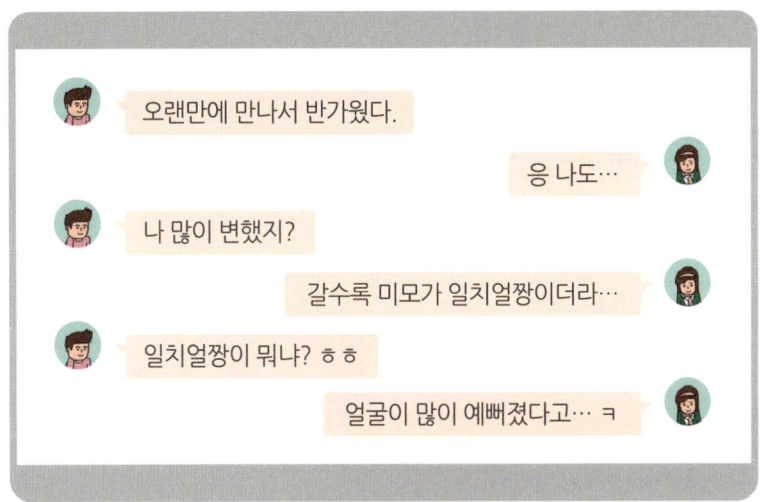

갈수록 미모가 (일치얼짱 / 일취월장)이더라.

역시 카톡 대화에서 오간 말이에요. '일치얼짱'이 아니라 '일취월장'이라고 해야 합니다. 일취월장(日就月將)은 나날이 다달이 자라거나 발전함을 뜻해요. 날로 달로 끊임없이 나아간다는 뜻의 일진월보(日進月步)와 비슷한 말입니다.

못다 한 이야기 3

▶ **골이따분한 성격**

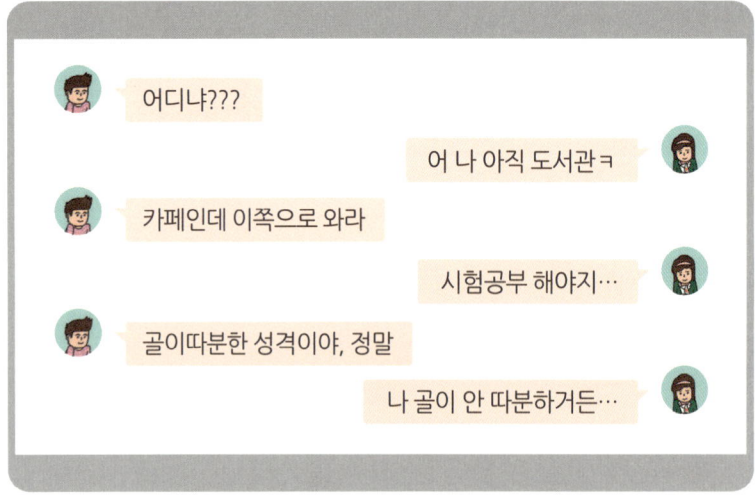

(골이따분한 / 고리타분한) 성격이야.

'골이따분한'은 '고리타분한'이 맞는 말입니다. '고리타분하다'는 냄새가 신선하지 못하고 역겹게 고리다는 의미지요. 하는 짓이나 성미, 분위기 따위가 새롭지 못하고 답답하다는 것을 뜻하기도 해요. 비슷한 말로 '코리타분하다'가 있습니다. '고리타분하다'보다 거센 느낌을 주는 말이지요.

▶ **나까채다**

내 가방을 (나까채려고 / 낚아채려고) 했다.

남의 물건을 가로채거나 다른 사람의 말이 끝나자마자 받아 말하는 경우를 일컬을 때 '나까채다'고 하는 경우가 많아요. 이를 활용한 것이 '나까채'나 '나까채려고' 등의 표현이지요. 그러나 '낚아채다'가 기본형이며 이를 활용한 '낚아채', '낚아채려고'가 바른말입니다. "말꼬리를 나꿔챘다"처럼 '나꿔채다'를 사용하는 경우도 있는데 이 역시 잘못된 말로 '낚아챘다'고 해야 합니다.

▶ **곱셈추위**

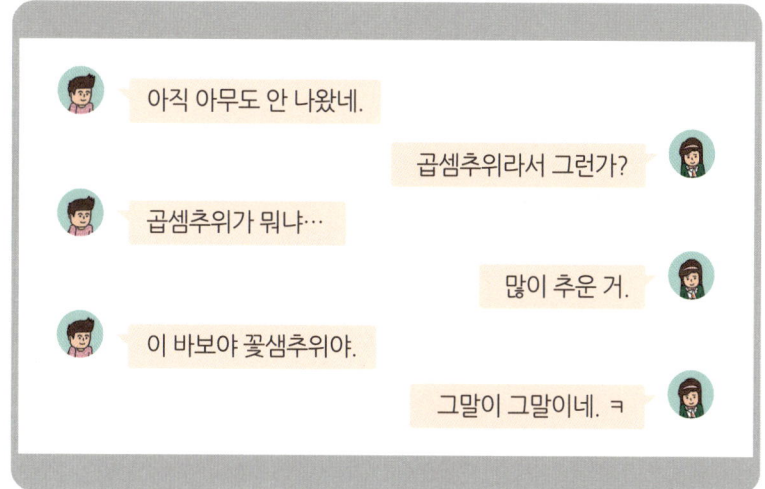

(곱셈추위 / 꽃샘추위)라서 그런가?

'곱셈추위'가 아니라 '꽃샘추위'입니다. 약화됐던 시베리아 고기압이 세력을 회복해 추위를 몰고 오면서 봄을 더디게 할 때 꽃샘추위라고 하지요. 풀어보면 '꽃을 시샘하는 추위'로 운치 있는 표현입니다. 꽃샘추위 대신 잎샘추위라는 말도 써요. 꽃이 피는 것을 시샘하는 것과 마찬가지로 잎이 나오는 것을 시샘해서 오는 추위라는 뜻이지요.

어린이를 위한
헷갈리는 우리말 100

ⓒ 배상복 2019

개정판 1쇄 | 2019년 9월 5일
개정판 2쇄 | 2020년 7월 10일

지은이 | 배상복
펴낸이 | 정미화 기획편집 | 정미화 이정서 그린이 | 김현철 디자인 | 조수정

펴낸곳 | (주)이케이북 출판등록 | 제2013-000020호 주소 | 서울시 관악구 신원로 35, 913호
전화 | 02-2038-3419 팩스 | 0505-320-1010 홈페이지 | ekbook.co.kr 전자우편 | ekbooks@naver.com

ISBN 979-11-86222-26-3 74700
ISBN 979-11-86222-02-7 (세트)

* 이 도서의 국립중앙도서관 출판예정도서목록(CIP)은 서지정보유통지원시스템 홈페이지(http://seoji.nl.go.kr)와 국가자료공동목록시스템 (http://www.nl.go.kr/kolisnet)에서 이용하실 수 있습니다.(CIP제어번호: CIP2019032924)
* 이 책은 저작권법에 따라 보호받는 저작물이므로 무단 전재와 복제를 금합니다.
* 이 책의 일부 또는 전부를 이용하려면 저작권자와 (주)이케이북의 동의를 받아야 합니다.
* 잘못된 책은 구입하신 곳에서 바꾸어드립니다.